観光政策入門

李　連澤　Lee Youn Taek
安本敦子　Yasumoto Atsuko
宋　娜瑛　Song Na Young

晃洋書房

はしがき

『観光政策入門』を通して皆様にお会いできて嬉しいです.

本書は，観光学を専攻する大学生や観光政策に携わる政策実務者，そして観光業に従事している社会人を対象に，観光政策に関する基本知識を提供することを目的として執筆されました.

皆さんもご存知のように，旅行は今や日本はもちろん，世界的に現代を代表する生活様式として定着しつつあります．現代人の生活は，仕事と旅行に区分されると言っても過言ではありません．それだけ現代人の生活において旅行が重要な位置を占めています.

現代人の旅行は，単なる移動現象だけに留まりません．人間は，旅行を通して消費・地域活動・市民活動・国際交流など多様な社会的活動を遂行します．その過程で企業・政府・NGO・国際機構などの社会集団や組織が観光者と相互作用関係を形成し，旅行は観光現象という社会現象にまで発展するようになりました．したがって，観光学を学習するということは，結局人間の旅行を通して発生する社会現象である観光現象を研究することだといえます.

観光現象を研究する観光学は，総合学問と呼ばれています．その理由は，観光現象をきちんと理解するためには特定の一つの学問を学ぶだけでは足りないからです．旅行する人々の行動を理解するためには心理学的アプローチが必要であり，ホテル・旅行会社・航空会社などの観光企業の活動を理解するためには経営学的アプローチが必要です．また，地域資源を観光資源として開発する観光開発組織の活動を理解するためには地域開発学的アプローチが必要です．同様に，観光発展に必要な法律・条例・計画などを樹立する政府の活動を理解するためには，政策学的アプローチが必要です．この他にも経済学的アプローチ・社会学的アプローチ・福祉学的アプローチ・国際関係学的アプローチなど多様なアプローチが観光現象を理解するために試みられています.

本書は，この中でも特に政策学的アプローチに基づいています．近年，観光現象がさらに複雑になり，急速に変化するにつれて，様々な観光問題が発生しています．このような背景から，政府は観光政策を形成し，実行することで観光問題を解決するための努力を続けています．また，民主化が拡大し，社会が多元化するにつれ，観光問題の解決に対する一般大衆の関心も高まっています．今では一般大衆が観光政策の対象になるだけでなく，観光問題の解決に直接的又は間接的な影響を与えています．そういう意味で本書は，政府機関で活動する政策実務者あるいは観光学を専攻する学生だけのための専門書ではなく，一般大衆のための社会教養書ともいえます．

しかし，いざ観光政策がどのように作られるのかを知ることは容易ではありません．そのため，政策過程は業務プロセスが見えないブラックボックス（black box）とも呼ばれています．私たちが日常生活において観光政策という産出物に接することは容易ですが，それが果たしてどのような過程を経て形成されるのかを知ることは難しいからです．本書は，皆さんと一緒にこのブラックボックスを順番に開けてみる旅程だと考えています．

まず，本書の第１章では，観光政策を理解するために必要な基礎知識を扱います．主な内容には，観光政策の概念・構成要素・類型・政府介入の論理などが含まれます．これらを通して観光政策に関する実質的な理解を深めようとしています．

続いて第２章と第３章では，観光政策に影響を与える政策環境と集団の活動を扱います．第２章では政治システム論という理論的アプローチについて，第３章では集団論という理論的アプローチについて紹介しています．

そして第４章から第８章までは政策過程論に基づいて観光政策が形成及び実行される全過程を扱います．第４章では観光政策アジェンダが設定される過程，第５章では観光政策が決定される過程を紹介します．第６章では観光政策が実施される過程，第７章では観光政策が実施された結果に対する評価過程について，そして第８章では観光政策がどのように変容され，再び始まるのかを紹介しています．

本書の著述には，三人の著者が参加しました．李連澤は主に政策学の普遍的な理論体系を構成し適用することに注力し，安本敦子と宋娜瑛は理論体系を説明する際に必要な事例を開発し，これらの事例を全体的な脈絡で叙述する役割を担当しました．共著で本を執筆する場合は，章ごとなどに各著者が原稿執筆を分担するのが一般的だと思います．しかし，本書の場合は各章ごとに三人の著者が共同で原稿を企画・執筆・検討していく過程を経ることで本を完成させることができました．想定以上に長い時間がかかりましたが，執筆期間を通してより多くの学習の機会を持つことができ，ありがたい時間となりました．

本書が出版されるまでには，多くの方々が関心と声援を送ってくださいました．この場を借りて同僚の研究者や家族，友人の皆様に感謝申し上げます．特に，本書の出版に際して温かい応援のお言葉をくださった中村忠司先生に御礼申し上げます．また，出版の困難な過程をサポートしてくださった晃洋書房と山本博子氏に深く感謝の意を表します．

ついに『観光政策入門』が出版されました．観光政策に関心を持つ皆様がこの本を通して観光政策の知識を共有し，観光政策の発展に寄与できることを願っています．ありがとうございます．

2024年３月

著者一同

目　次

はしがき

第1章　観光政策の基礎 —— 1

1．観光政策の概念と特徴　1
1）政策の概念
2）観光政策の概念
3）観光政策の特徴
2．観光政策の形態と構成要素　6
1）観光政策の形態
2）観光政策の構成要素
3．観光政策の類型　9
1）属性別類型
2）機能別類型
4．観光政策と政府介入の論理　12
1）政府介入の支持：市場の失敗
2）政府介入の反対：政府の失敗

第2章　観光政策と政治システム —— 19

1．政治システム　19
1）政治システムの概念
2）政治システムモデル
2．観光政治システム　23
1）観光政治システムの概念
2）主要観光政府機関の活動

（1）立法府／（2）行政府／（3）司法府

3．観光政策環境　27

1）政治的要因

2）経済的要因

3）社会的要因

4）技術的要因

5）自然環境的要因

6）国際的要因

第３章　観光政策と政策アクター ———— 35

1．政策アクター　35

1）集団論的観点

2）政策アクターの概念と類型

2．非政府アクターの類型別活動　37

1）政党

2）利益集団

3）NGO

4）専門家集団

5）マスメディア

6）一般大衆

3．観光政策ネットワーク　46

1）政策ネットワークの概念

2）政策ネットワークモデルの類型

（1）下位政府モデル／（2）政策コミュニティモデル／（3）イシューネットワークモデル

第４章　観光政策アジェンダ設定 ———— 53

1．政策過程　53

2．観光政策アジェンダ設定の概念と段階　55

3．観光政策アジェンダ設定の類型　57
1）外部主導モデル
2）動員モデル
3）内部アクセスモデル
4．観光政策アジェンダ設定と限定合理性　60
1）問題の属性
2）政策担当者の態度
3）政府の運営方式
4）制度的同型化
5．観光政策アジェンダ設定とトリガーメカニズム　67

第5章　観光政策決定 —— 69

1．観光政策決定の概念　69
2．観光政策決定の段階　70
1）政策問題の定義
2）政策代案の探索
3）政策代案の比較評価
4）最善の政策代案の選択
3．観光政策決定と限定合理性　77
1）政策決定者の認知能力の限界
2）非政府アクターの圧力
3）危機的状況
4．観光政策決定と政策の窓モデル　79

第6章　観光政策執行 —— 83

1．観光政策執行の概念と段階　83
2．観光政策執行アクターと執行関係の類型　86
1）観光政策執行アクター
2）執行関係の類型

3．観光政策執行の政策順応と不順応　89
4．観光政策執行と限定合理性　91
1）非政府アクターの関与
2）政策決定者の交代
3）政策環境の変化
5．観光政策執行と政策 PR　93

第 7 章　観光政策評価 —— 97
1．観光政策評価の概念　97
2．観光政策評価の段階　98
1）政策評価計画の樹立
2）政策評価の施行
3）政策評価報告書の作成
3．観光政策評価の基準　102
1）総括的評価の基準
（1）有効性／（2）能率性／（3）公平性
2）形成的評価の基準
（1）適合性／（2）適切性／（3）一貫性
4．観光政策評価と限定合理性　107
1）観光政策アクター
2）評価技術

第 8 章　観光政策変容 —— 111
1．観光政策変容の概念　111
2．観光政策変容の段階　112
1）政策フィードバック
2）政策学習
3）政策変容決定

3．観光政策変容の類型　114

1）政策革新

2）政策維持

3）政策継承

4）政策終了

4．観光政策変容と限定合理性　118

1）政策アクター

2）政策環境の変化

3）制度的属性

あとがき　121

索　　引　125

第1章 観光政策の基礎

この章では，観光政策を理解するために必要な基礎的概念について考察します．主な内容として，観光政策の概念と特徴・観光政策の形態と構成要素・観光政策の類型を検討し，続いて観光政策と政府介入の論理について説明します．

1．観光政策の概念と特徴

1）政策の概念

私たちは，政策が日常的にあふれる時代に生きています．毎日多様な政策が発表され，経済・教育・社会福祉・保健・環境など全ての社会分野において政策が影響を与えていない領域がないと言っても過言ではありません．しかし，いざ政策が何を意味するのかを明確に規定することは容易ではないです．それは，多くの人々が政策という用語を慣用的に使っているからです．

このような中で政策の普遍的な意味を見つける方法は，まず辞書的定義を参考にすることです．辞書では，政策を政府，政党，団体または個人が公共的な問題について，とるべき方向や態度と定義しています（小学館 2005)．もちろん政策が公共的な問題を解決するためのものだという説明で，その意味がもう少し明確になるものの，政策はすなわち方向や態度であるという定義はその意味を十分に説明することはできていません．

政策の学術的定義を確認してみると，政策学の創始者であるアメリカの政治学者ラスウェル（Lasswell）は，政策を未来探索のための価値と行動の複合体

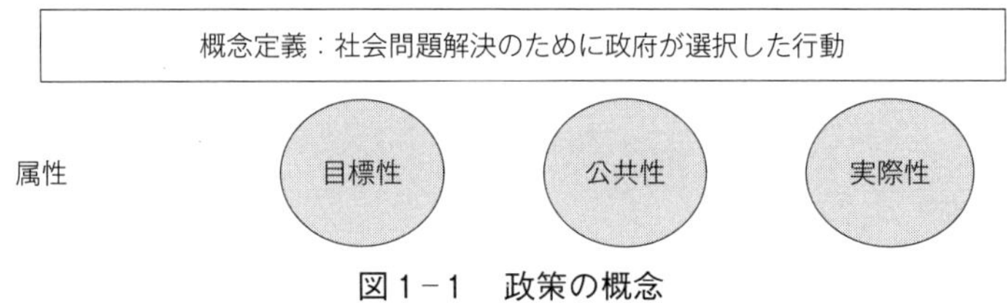

図１－１　政策の概念

であり，目標と価値そして実際を含んでいる，考案された計画と定義しました (Lasswell 1951)．政策の属性として未来性・目標性・実際性を提示し，政策を計画として規定していることがわかります．

その後，政策学で政治システム論という理論的アプローチを提示した政治学者イーストン (Easton) は，政策を政治システムが下した権威的決定と定義しました (Easton 1965)．政策の行為主体を政治システム，つまり政府と規定し，政策を権威的決定という意思決定の概念で説明しています．また，『政策分析 (Policy Analysis)』という本の著者である政策学者ジェンキンス (Jenkins) は，政策を政府または公共機関の意思決定と定義し (Jenkins 1978)，政策を意思決定だと規定しました．

一方，『公共政策の理解 (Understanding Public Policy)』という本の著者である政策学者ダイ (Dye) は，政策を政府が選択した行動と定義することで，政策を政府の行動という包括的概念で規定しました (Dye 1972)．ここで行動 (action) は，計画・意思決定など政府の活動結果を総括的に表現する用語です．また彼は，政策を政府が選択した行動だけでなく，選択していない行動までも政府の行動として含めました．

本書では，上記の学者の見解の中から特にダイ (Dye) の概念を適用し，政策 (policy) を社会問題解決のために政府が選択した行動と定義します．図１－１に示すように，この定義は政策の目的は社会問題解決のためのもので，政策の主体は政府であり，政策の内容は政府によって実際に選択された行動だと提示しています．つまり，政策の属性には目標性・公共性・実際性が含まれていることがわかります．

２）観光政策の概念

これまで私たちは政策の概念を学術的に定義づけました．ここからは，より具体的に観光政策の概念を考察していきます．そのためには，まず政策における観光政策の位置を確認した上で観光の概念を規定し，最終的に観光政策の概念を定義してみましょう．

まず，観光政策の位置づけを見てみると，政策学において観光政策は一般的な政策を構成する部門政策（sector policy）として認識されます．つまり，観光政策はもちろん経済政策・教育政策・社会福祉政策・環境政策などが全て政策の部門政策だといえます．

このような部門政策は，政策領域（policy field）別に区分されます．ここで政策領域は，経済・教育・社会福祉・環境などの社会を構成する部分要素をいいます．言い換えれば，観光政策において観光は政策領域を意味し，このように観光という政策領域が規定された政策を部門政策といいます．これをまとめると図１−２のようになります．

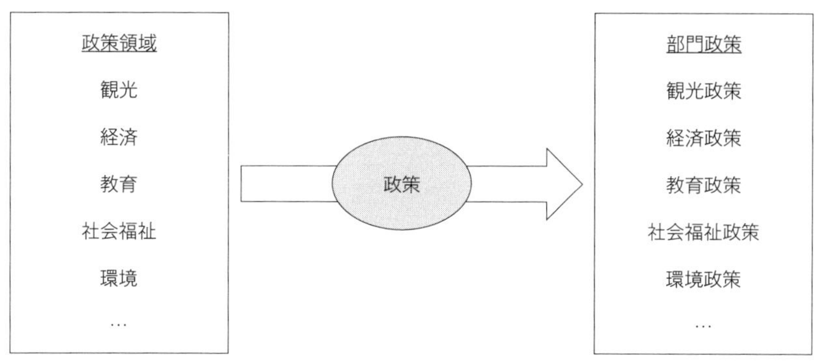

図１−２　政策領域と部門政策

次は，観光の概念を定義してみましょう．観光は，一種の社会現象です．社会現象とは，自然現象とは異なり社会の人々が多様な関係を結び，生きていく過程の中で人為的に発生する現象をいいます．同様に，観光は人々が旅行を通して多様な社会的関係を作り出す現象だといえます．私たちが日常生活で使う旅行（travel）の意味とは大きな違いがあります．すなわち，旅行は人間の個人的な活動を意味する反面，観光は旅行を通して作られる社会的な現象を意味するのです（前田 2019）．

観光学では，このような社会現象としての観光をシステム的観点からアプローチします（李連澤 2021）．システム的観点からは，有機生命体になぞらえて社会を説明します．したがって，社会の構成要素を個別に観察し部分的に見るのではなく，全体的な社会構造の観点から観察し説明します．

本書ではこのようなシステム的観点を適用し，観光を人間の個人的な旅行活動だけとして見るのではなく，人間の旅行活動と関連した要素が相互作用し形成する全ての社会的関係の集合体と見ています．簡単にまとめると，観光(tourism）は人間の旅行活動を通して形成される全ての社会的関係と定義されます．観光を構成する組織要素としては，観光者・観光事業者・政府・NGO・国際機関などが挙げられます．これらは，それぞれの活動を通して多様な社会的関係を結び，外部環境の変化に反応しているのです．

最終的にまとめると，観光政策は観光と政策の概念が合成された用語です．また，観光を政策領域として規定するという点で社会問題を観光問題として具体化し，政策の内容的範囲を限定しているといえます（李連澤 2020）．したがって，本書では観光政策（tourism policy）を観光問題解決のために政府が選択した行動と定義します．

この時，観光問題は人間の旅行活動とそれに関連している組織の活動，そして外部環境との関係で発生する全ての問題をいいます．また，問題は社会構成員が現実的に満足していない状態を意味します．例えば，訪日外国人観光客の減少問題・地域観光産業の競争力低下問題・観光宿泊施設の不足問題・日本国民の海外旅行安全問題・観光弱者に対する公平性問題・観光開発による環境毀損及び汚染問題などが挙げられます.

3）観光政策の特徴

観光政策は，政策領域である観光という社会現象が現代的現象であるという点から従来の伝統的な政策である経済政策・社会福祉政策・環境政策などとは区別される特徴を持っています．以下では，五つの特徴について一つずつ解説していきます.

一つ目に，観光政策は総合政策です．既存の政策を見てみると，経済政策は経済活性化の目的で行われ，社会福祉政策は福祉の増進の目的で行われ，環境政策は環境保護の目的で行われます．このように単一の目的を中心に政策が推進されるのに対し，観光政策は経済的目的・社会福祉的目的・環境的目的など複合的な目的を中心に推進される特徴を持っています．このような意味で観光政策は総合政策といえます.

二つ目に，観光政策は特殊政策です．経済政策・社会福祉政策・環境政策など既存の政策は，その政策の影響を国民全体が受けることになります．しかし，観光政策は観光と関連した社会システムを構成する観光者・観光事業者・地域住民などに限定し部分的に影響を与えます．しかし，近年は旅行活動が人間生活において必須要素として定着し，観光政策の影響力も社会全般に拡大しています．それにもかかわらず，依然として観光政策は社会的に部分的な影響力を持つ特殊政策だといえます.

三つ目に，観光政策は協業政策です．既存の政策は，経済・社会福祉・環境など固有の目的を中心に推進されます．しかし，観光政策は既存の政策との協業を通して推進される場合が多いです．例えば，観光開発政策は国土開発政策や環境政策との協業によって推進されます．また，観光人材政策は労働政策や教育政策との協業を通して推進されます．このように観光政策が他の既存の政策との協力的な関係を通して推進されるという点で観光政策は協業政策の特徴を持っています.

四つ目に，観光政策は支援政策です．既存の政策が推進される際に，観光政策が支援的要素として含まれることがあります．例えば，地域経済活性化政策は基本的には経済政策ですが，その内容の中に観光産業政策が部分的な要素として含まれる場合があります．社会福祉政策も同様です．社会福祉政策の一環として観光弱者のための支援政策が含まれ，観光政策が支援政策として位置づけられることがあります．このような意味で観光政策は支援政策の特徴を持っています．

五つ目に，観光政策はネットワーク政策です．観光政策が推進される際には，既存の政策より，さらに多様な利害関係者が関与するようになります．例えば，経済政策には経済関連の利害関係者，社会福祉政策には福祉関連の利害関係者が主に関与することになります．しかし観光政策の場合，観光産業政策には観光産業関連の利害関係者，ユニバーサルツーリズム政策には観光福祉関連の利害関係者など政策類型別にそれぞれ異なる多様な利害関係者が関与することになり利害関係者の関与範囲が拡大しています．したがって観光政策を推進する際には，このような多様な利害関係者との社会的関係を構成することが非常に重要です．このような意味で観光政策はネットワーク政策の特徴を持っています．

2．観光政策の形態と構成要素

1）観光政策の形態

観光政策は様々な形で形成されます．観光政策の形態は主に実行(practices)・意思決定 (decision)・ディスコース (discourse) の三つの類型に区分されます (図1-3)．まず，実行は法律・計画・事業などのように政府が推進する実質的な行動をいいます．例えば，観光開発のための法律・外国人観光客誘致のための振興計画・観光地開発事業などが挙げられます．

次に，意思決定は政策アジェンダ設定・政策決定・政策変容決定などのように政府が政策過程で最善の代案を選択する認知的行動をいいます．例えば，観光弱者のための支援方案の検討・地域住民の観光事業支援方案の決定・地域祭

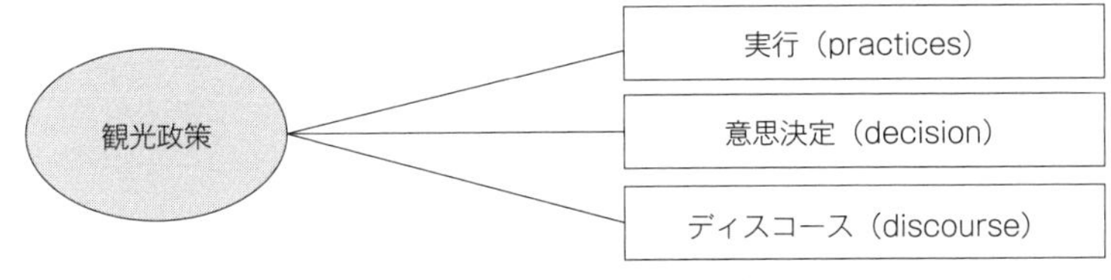

図1－3　観光政策の形態

り推進方式の変容決定などが挙げられます．

最後に，ディスコースは政策ビジョン・選挙公約などのように政府が政策的立場を表現する言語的行動をいいます．例えば，政府の中長期観光ビジョンの発表・地方自治体首長の政策公約集の発表などが挙げられます．

まとめると，観光政策はこのように多様な形で形成される政府の行動を総括的に表現する用語だといえます．私たちの日常生活の中でも法律・計画・対策など多様な政策の形態を表す用語がよく使われていることがわかります．

2）観光政策の構成要素

観光政策には，内容的に大きく三つの要素が含まれています (Birkland 2005)．これを観光政策の構成要素といいます．一つ目の要素は，政策目標(policy goal)です．全ての政策は，政策目標を持っています．政策目標は，政策を通して達成しようとする状態または結果をいいます．例えば，政府が中長期観光発展計画を推進すると仮定した場合，政策目標として観光先進国家への参入を提示することができます．ここで挙げられる観光先進国家への参入は中長期観光発展計画を推進することで達成しようとする結果，すなわち政策目標といえます．

また，このような政策目標は，内容的に様々な層位の目標で構成された階層構造を持っています(石橋・佐野・土山・南島 2018)．大きく上位目標・中位目標・下位目標に区分されます．例えば，上位目標として観光先進国家への参入が設定されるならば，中位目標として差別化された観光イメージの形成，競争力のある文化観光資源の拡充などを設定できます．また，その下位目標として魅力的な観光象徴物の開発，ソーシャルメディアを通した観光コミュニケーション

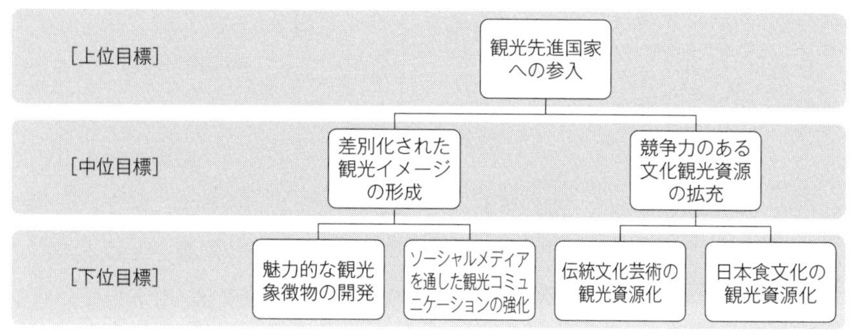

図１－４　観光政策目標の階層構造

の強化，伝統文化芸術の観光資源化，日本食文化の観光資源化などを設定できます．

これを階層構造化して提示すると，図１－４のようになります．政府は下位目標を達成することで中位目標を達成でき，中位目標を達成することで究極の目標である上位目標が達成できることが分かります．

二つ目の要素は，政策手段（policy means）です．政策手段は，政策目標を達成するための道具をいいます．このような政策手段は，実質的政策手段と実行的政策手段に区分されます．

まず，実質的政策手段は政策目標を実際に達成するための事業的手段をいいます．図１－４に示した観光政策目標の階層構造を参考すると，政策目標が上位目標―中位目標―下位目標で構成されていることが分かります．実質的政策手段は，このような階層構造において上位目標を達成するための手段である中位目標，または中位目標を達成するための手段である下位目標が該当します．

次に，実行的政策手段は実質的政策手段を執行するための支援的手段をいいます．実行的政策手段には，組織・人材・財政・情報・権限などが挙げられます．例として挙げた中長期観光発展計画を推進し，政策目標を達成するためには，これを推進する業務推進チームのような組織の構成とこれを実行する人材が必要です．また，十分な財政の調達と政策情報の共有も必要です．そして政策推進のための政策決定権や政策執行権といった権限付与も重要だといえます．

三つ目の要素は，政策対象集団（policy targets）です．政策対象集団は，政策の執行によって恩恵を受けたり費用を支払わなければならない社会集団をいいます．政策によって恩恵を受ける社会集団を政策恩恵集団，政策によって費用を支払わなければならない社会集団を政策負担集団といいます．例えば，中長期観光発展計画を推進する場合，この計画の執行によって恩恵を受ける集団として観光事業体・観光地の地域社会などが該当します．一方，この計画の執行によって費用を支払わなければならない集団としては税金を負担する国民や観光宿泊税あるいは観光地入場税などを追加で負担しなければならない観光者などが挙げられます．

3．観光政策の類型

観光政策は，政策の内容的属性や政府の機能を基準に類型化されます．

1）属性別類型

まず，観光政策は内容的属性を基準に大きく五つの類型に区分されます（Almond & Powell 1980；Dunn 2008）．政策の内容的属性は，政策が持つ本質的な性質を意味します．したがって，内容的属性では誰が政策対象集団なのか，選択された政策代案が政策対象集団にどのような影響を与えるのかなどが類型化の基準となります．

一つ目の類型は，配分政策（distributive policy）です．配分政策は，政策対象集団の活動を促進するために推進される政府の行動をいいます．例えば，観光事業者の事業活動を促進するために推進される観光事業体創業支援制度や観光事業融資支援制度などが配分政策に該当します．この場合，政策対象集団は観光事業者となります．また観光地造成に必要な道路・交通・通信・案内施設などのインフラ造成事業もその例となります．この場合，観光地を訪れる観光者・観光事業者・地域住民などが政策対象集団になります．

二つ目の類型は，規制政策（regulatory policy）です．規制政策は，政策対象集団の活動を制限するための政府の行動をいいます．例えば，観光者を保護する目的でホテルやリゾート企業の営業活動を制限したり，環境問題や地域の社会問題と関連して観光事業者の社会的負担を課す場合が規制政策に該当します．この場合，観光事業者が政策対象集団になります．

三つ目の類型は，再分配政策（redistributive policy）です．再分配政策とは，政策対象集団の福祉を支援するために推進される政府の行動をいいます．例えば，低所得層の旅行活動を支援するための旅行経費支援制度・観光弱者のためのバリアフリー観光地造成事業などが再分配政策に該当します．この場合，経済的にも身体的にも厳しい状況に置かれている観光脆弱階層が政策対象集団になります．

四つ目の類型は，構成政策（constituent policy）です．構成政策は，政策を推進する政府組織の設立・変更・廃止などの構造調整と関連して行われる政府の行動をいいます．政府組織は特定の政策を形成し，執行する役割を担うという点で非常に重要な政策類型であるといえます．また，政府組織は基本的に恒久性を持つため，非常に合理的なアプローチが必要です．政府の観光庁設立・地方自治体の観光組織の設立・観光関連公企業の設立などが構成政策に該当します．この場合，政府自体が政策対象集団になります．

五つ目の類型は，象徴政策（symbolic policy）です．象徴政策は，政策対象集団及び一般大衆の理解と支持を確保するために推進される政府の行動をいいます．観光政策の推進を成功させるためには，観光者・観光事業者などの政策対象集団だけでなく，一般大衆の支持が必要です．観光の社会的重要性を知らせるために推進される記念行事・訪問者に対する親切運動事業・地域祭りやメガイベントなどを知らせる公益広告事業などが象徴政策に該当します．この場合，観光者・観光事業者・一般大衆などが政策対象集団になります．

2）機能別類型

次に，観光政策は政府の機能を基準に大きく五つの類型に区分されます．政府の機能は，観光発展のための政府の実質的な役割を意味します．

一つ目の類型は，観光開発政策です．観光開発政策は，観光地・観光資源・観光施設を開発するために推進する政府の行動をいいます．特定の地域を観光拠点地域として開発したり，自然資源あるいは文化資源を観光資源として開発する事業や観光者の便宜のための各種移動施設や便宜施設を開発する事業などが観光開発政策に該当します．したがって，観光開発政策は内容的に政策対象集団の活動を促進するための配分政策の属性を主に持っています．

二つ目の類型は，観光マーケティング政策です．観光マーケティング政策は，観光市場の活性化のために外国人あるいは日本人観光客を誘致するために推進する政府の行動をいいます．観光地の市場差別化に向けた観光ブランド開発事業・外国人観光客誘致のための海外観光広報事業・観光マーケティング活動を専門的に担当する政府組織の構成などが観光マーケティング政策に該当します．したがって，観光マーケティング政策は内容的に配分政策・象徴政策・構成政策など総合的な政策の属性を持っています．

三つ目の類型は，観光産業政策です．観光産業政策は，観光事業体の経営活動を支援したり規制するために推進する政府の行動をいいます．観光産業育成のための事業資金支援・専門人材の供給・事業敷地造成などの各種支援対策が観光産業政策に該当します．これらと共に，観光市場の秩序を維持するために推進される各種規制措置もその例となります．したがって，観光産業政策は内容的に配分政策と規制政策の属性を主に持っています．

四つ目の類型は，国民観光政策です．国民観光政策は，福祉的次元で国民の旅行活動を支援するために推進される政府の行動をいいます．ほとんどの旅行活動は，観光市場を通して行われます．しかし，経済的にも身体的にも旅行活動を自ら行うことが難しい観光脆弱階層の場合，政府の支援が必ず必要です．したがって，国民観光政策は内容的に再分配政策の属性を主に持っています．

五つ目の類型は，国際観光協力政策です．国際観光協力政策は，国家間の観光交流活性化のために推進される政府の行動をいいます．国際観光協力政策は，国家間の二国間協定や多国間協定によって推進されたり，関連分野の国際機関

表 1－1　観光政策の機能別類型と属性

機能別類型	政策属性
観光開発政策	配分政策
観光マーケティング政策	配分政策・構成政策・象徴政策
観光産業政策	配分政策・規制政策
国民観光政策	再分配政策
国際観光協力政策	象徴政策・配分政策

を通して推進されます．例えば，当該国間で国民旅行交流を活性化するために推進される訪問の年事業や観光事業体の海外進出支援のために推進される国家間の観光協定締結事業などが国際観光協力政策に該当します．したがって，国際観光協力政策は内容的に象徴政策と配分政策の属性を主に持っています．

以上の内容をまとめると**表 1－1** のようになります．

4．観光政策と政府介入の論理

市場経済システムの下では，社会問題は優先的に市場を通して解決されます．しかし，全ての社会問題が市場を通してのみ解決されるわけではありません．言い換えれば，自律的な市場取引を通して解決できない問題が存在します．この時，政府の市場介入が必要です．このように政府の市場介入は，市場の失敗によって支持されるようになります．しかし，反対の場合もあります．政府の市場介入が常に成功するとは限らないからです．このような政府の市場介入について支持あるいは反対の立場に関する議論を政府介入の論理といいます．政府介入の論理は，観光政策形成過程で非常に重要な政府の意思決定基準として作用します．

それでは，ここからはどのような場合に政府介入が支持されるのか，また逆にどの場合に政府介入が支持されないのかを見ていきます．

1）政府介入の支持：市場の失敗

市場の失敗により，政府介入は支持されます．もちろん，政府介入は政策を通して行われます．図1－5に示すように市場の失敗は，大きく五つの原因によって発生します（Levy 1995；Weimer & Vining 2005）．

一つ目に，公共財です．公共財が利用対象の場合，市場中心的なアプローチは失敗します．そのため，政府介入はむしろ支持されることになります．例えば，文化財・故宮・国立公園などの公共財を観光地や観光資源として開発する場合，民間事業体の活動は制限され，政府が主導的に開発業務を担当することになります．したがって，政府介入が支持されることになります．

二つ目に，外部性です．外部性は，民間事業体の活動が社会に否定的な影響を与える場合をいいます．例えば，観光事業者が大規模リゾートの開発を行う場合，交通混雑・騒音・環境毀損などにより周辺地域に否定的な影響を与える可能性があります．この場合，政府は規制政策を通して問題を解決することになります．したがって，政府介入は支持されることになります．

三つ目に，独占です．特定の民間企業が市場を独占している場合，市場は正常に機能しません．独占的な供給者に利益が集中し，また独占的な経営によって非効率性が発生するようになります．例えば，独占的な供給が避けられないカジノやリゾートの場合，政府は独占的経営による被害を抑制できる規制政策を推進します．

四つ目に，情報の非対称性です．サービス商品の特性を持っている観光産業の場合，商品情報についての完全な公開が必要です．例えば，旅行商品の情報は実際に消費者が旅行に直接行ってみないことには正確に知ることができません．ゆえに，旅行商品についての十分な事前情報共有が必要です．そのため，政府は市場管理として旅行消費者保護政策を推進しなければなりません．

五つ目に，所得不均衡です．低所得層の市場参加は制限を受けます．十分な所得がない消費者の場合，市場で提供される商品を自ら購入するには経済的に限界があります．この問題を解決するには，政府の財政的支援が必要です．代表的な例が低所得層の旅行活動を支援する政府のソーシャルツーリズム政策で

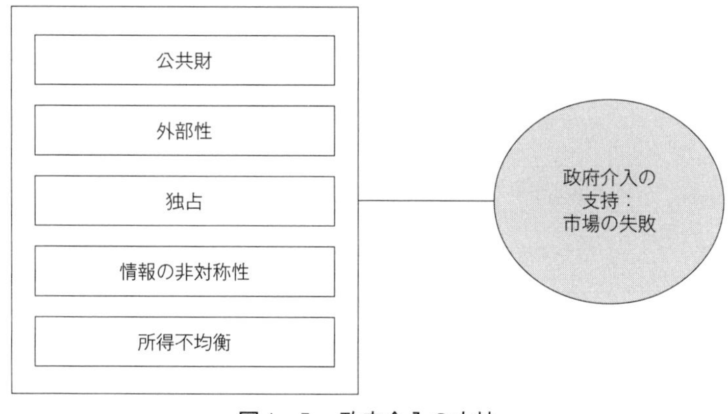

図１－５　政府介入の支持

す．したがって，政府介入は支持されることになります．

２）政府介入の反対：政府の失敗

前述したように，市場の失敗により政府介入は支持されます．しかし，政府介入が必ずしも成功するとは限りません．政府介入は，非市場的なアプローチによって失敗する可能性があります．つまり政府の失敗により，政府介入は支持されなくなります．図１－６に示すようにこのような政府の失敗の原因は，大きく四つ挙げられます（Wolf 1989）．

一つ目に，非効率性です．市場では，需要と供給が価格によって調整されます．しかし，政府介入で供給が行われる場合，価格という調整メカニズムがないため，必要以上の費用が非効率的に支出される可能性があります．これらの問題点を説明する用語が費用収益対応の原則です．費用は収益のために支出され，支出された費用だけ収益をもたらすべきだという市場の原則を説明する用語です．しかし，政府の支援事業や公企業の投資の場合，このような市場の原則がよく守られないため，結局政府介入は政府の失敗をもたらすことになります．

二つ目に，内部性です．内部性は，政府組織の属性に関連しています．言い

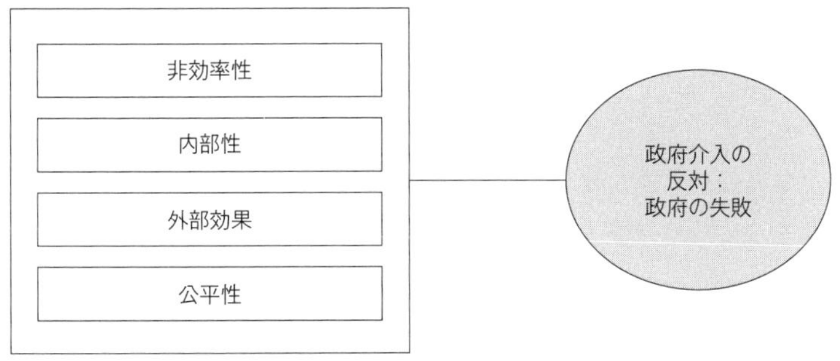

図1－6　政府介入の反対

換えれば政府組織は属性上，組織利己主義的な特徴を持っています．一般的に，市場経済において民間事業体は，利益極大化のために適した規模の組織を構成するという市場原理を追求します．しかし，政府組織はこれとは異なり自己組織の影響力を拡大するために予算確保の極大化・規模の極大化を追求する傾向を示しています．この傾向は，観光分野の政府組織にとっても同様です．このような特徴によって市場の原則が守られず，結局政府介入は政府の失敗をもたらすことになります．

三つ目に，外部効果です．外部効果は，政府介入によってむしろ民間事業体に被害をもたらす場合をいいます．例えば，地域住民の民泊事業を支援するために地方政府が税金減免や行政便宜のような支援政策を導入する場合，同じ地域に基盤を置いたホテルは，相対的に被害を受ける可能性があります．また別の例として，家族旅行を対象に地方政府が体験学習場を直接運営することになれば，類似事業を行う民間事業体が被害を受けることになります．政府介入によって市場にこのような否定的な結果をもたらし，結局政府介入は政府の失敗をもたらすことになります．

四つ目に，公平性です．公平性は，同一のものは同一に扱うことをいいます．代表的な例として，選挙制度において成年の国民全員が一人１票ずつ投票する原則が挙げられます．このような公平性は，現代政治と行政の基本原則として適用されています．しかし，このような公平性により，市場原理を代表する効率性の確保に失敗することがあります．例えば，政府が地域観光活性化を支援するための地域観光開発政策を推進しながら，地方自治体の持つ資源性や市場性を考慮せずに同一に支援する場合があります．この場合，資源の効率的な運営がまともに作動せず，結局政府介入は政府の失敗をもたらすことになります．

この章では，観光政策を理解するために必要な基礎知識について学びました．では，観光政策はどのように形成されるのでしょうか．第２章では政策環境が観光政策の形成にどのような影響を与えるのかをまとめ，第３章では観光政策の形成に関与する集団の活動について考察します．そして，第４章から第８章までは観光政策が形成され実行される全過程について説明していきます．

📖参考文献

Almond, G. & Powell, B.（1980）*Comparative Politics : System, Process, and Policy*（３rd ed.）, Little, Brown & Company.

Birkland, T.（2005）*An Introduction to the Policy Process : Theories, Concepts, and Models of Public Policy Making,* M. E. Sharpe.

Dunn, W.（2008）*Public Policy Analysis : An Introduction,* Prentice-Hall.

Dye, T.（1972）*Understanding Public Policy,* Prentice-Hall.

Easton, D（1965）*A Systems Analysis of Political Life,* Wiley.

Jenkins, W.（1978）*Policy Analysis,* Martin Robertson.

Lasswell, H.（1951）The Policy Orientation. In D. Lerner and H. Lasswell（eds.）, *The Policy Sciences : Recent Development in Scope and Method,* Stanford University Press.

Levy, J.（1995）*Essential Microeconomics for Public Policy Analysis,* Praeger.

Weimer, D. & Vining, A.（2005）*Policy Analysis : Concepts and Practice*（４th ed.）, Prentice-Hall.

Wolf, C.（1989）*Markets or Governments : Choosing between Imperfect Alternatives,* MIT Press.

李連澤（2020）『観光政策学（第２版）』白山出版社.

李連澤（2021）『観光学（第２版）』白山出版社.

石橋章市朗・佐野亘・土山希美枝・南島和久（2018）『公共政策学』ミネルヴァ書房.

小学館（2005）『精選版　日本国語大辞典』小学館.

前田勇（2019）『新現代観光総論（第3版）』学文社.

第2章　観光政策と政治システム

この章では，観光政策と政治システムについて考察します．主な内容として，政治システムの概念と政治システムモデル・観光政治システムの概念・主要観光政府機関の活動を検討し，続いて観光政策環境要因について説明します．

1．政治システム

最初に，政治システムの概念と政治システムモデルについて見ていきます．

1）政治システムの概念

第1章において，私たちは政策を社会問題解決のために政府が選択した行動と定義しました．それでは，政府は果たして誰なのでしょうか．政府といえば，まず内閣や地方自治体のような行政機関を思い浮かべると思います．それは，私たちが日常生活の中でメディアを通じて国土交通省・外務省・文部科学省などの行政機関が政策を発表する場面に接しているからでしょう．

しかし，政治学者イーストンは政策の行為主体を政府の代わりに，政治システムという概念で説明します (Easton 1971)．言い換えれば，政策を政治システムが選択した行動と見ているのです．このように政治システムという概念を導入する理由は，政治システムが私たちが知っている政府の意味をより全体的に説明するからです．

まず，政治システムという観点から見ると，政府の活動は政治的活動です．

イーストンの表現を借りれば，政治は権力を獲得し，維持し，配分する行為だといえます．つまり，政策は政府の行政活動の産出物ではなく，政治活動の産出物だと説明しているのです．そのため，当然このような政治活動を行う政府の範囲は，内閣や地方自治体のような行政機関だけでなく，議会・地方議会のような立法機関，裁判所のような司法機関までを含むことになります．

ここでもう一つ検討すべき事項は，システムという概念です．政治システムという概念の中にはシステムという用語が含まれています．システムは，生物学的観点からアプローチした一般システム理論に基づいています（Skyttner 2001）．このシステムの属性は，次のように大きく三つに区分されます．

一つ目に，システムは部分要素で構成されます．上記で述べたように，行政機関・立法機関・司法機関の全てが政治システムを構成する要素です．したがって，政治システムは政治活動を行う政府機関の集合体だといえます．

二つ目に，システムを構成する部分要素間の相互作用が行われます．それぞれの部分要素は互いに関係し合っていて，システム全体のために役立つ活動を行います．もちろん役立つ活動ばかりではなく，害になる活動が行われる場合もあります．この時，システム全体に役立つ活動を順機能と呼び，害になる活動を逆機能といいます．

三つ目に，システムは境界を持っています．システムは，物理的境界や生物学的境界だけでなく機能的にも境界を持っています．政治システムは，特に機能的境界を持っていることが特徴だといえます．政治システムの境界は，政治システム内のそれぞれの部分要素が集まり構築されます．そしてまた部分要素を構成する下位部分要素が集まって部分境界が構築されます．例えば，政府という政治システムの中で観光政策と関連した下位機関は他の政策機関と区別される境界を持つようになります．そしてこのように観光政策と関連して構築された下位政治システムを観光政治システムと呼びます．

まとめると，政治システム（political system）は政治活動を行う多様な政府機関の集合体と定義されます．つまり，広い範囲の政府を意味します．政治システムを構成する部分要素である政府機関は固有の活動を遂行し，政府機関間の相互作用関係を形成します．また，政治システムは経済システムのような他の社会システムとは区別される機能的境界を持ちます．

2）政治システムモデル

次は，政治システムモデルについて見ていきましょう．

政治システムモデル（political system model）は，前述の政治システムの概念を提示したイーストンによって開発された理論モデルです（Easton 1971）．政治システムモデルは，政策を説明する代表的な理論パラダイムの一つです．政治システムモデルは，生物学において提示された一般システムモデルに基づいています．すなわち，政治システムモデルは生物学的観点から政策を説明する理論だといえます．

図2－1に示したように，政治システムモデルには入力・変換・出力・フィードバックの大きく四つの要素が含まれています（堀江・加藤 2019；森脇 2011）．この四つの要素について順番に見てみましょう．

一つ目に，入力（input）です．入力は，政治システムモデルの第一段階で，外部環境が政治システムに影響を与える現象をいいます．政治環境・経済環境・社会環境など様々な外部環境の変化が政治システムに影響を与えるようになります．入力は，内容的に要求と支持に区分されます．要求は，環境変化によって政治システムが解決しなければならない課題を提示する活動をいいます．場合によって要求は社会的圧力になることもあります．一方，支持は政治システムが社会問題を解決するために必要な資源を提供する活動です．政治システムが社会問題を解決するためには，人材・組織・情報・予算・権限などが必要です．これを支援する活動が入力段階で行われます．

二つ目に，変換（conversion）です．変換は，政治システムモデルの第二段階として，外部環境から入力された内容を反映し政策に変化させる政治システムの政治活動をいいます．このような変換は，一瞬にして起こるのではなく，一定の過程を経て段階的に行われます．このように段階的に進められる過程を変換過程といいます．

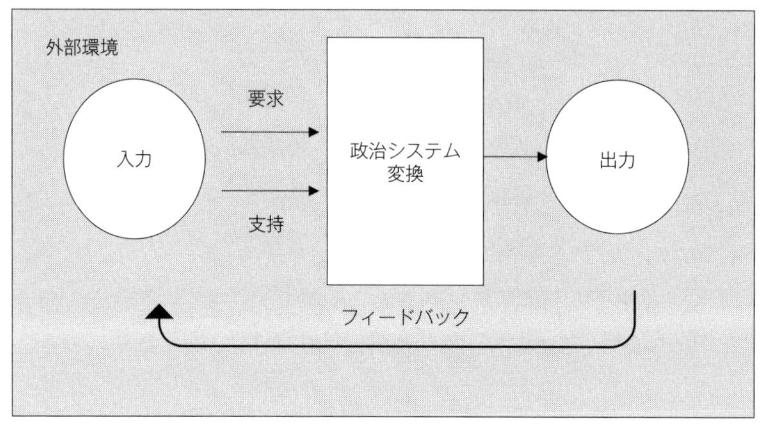

図２−１　政治システムモデル

三つ目に，出力（output）です．出力は，政治システムモデルの第三段階として，変換過程を経た結果を外部環境に送り出す現象をいいます．この時，外部環境に送り出された結果，つまり産出物を政治システムモデルでは政策と見ています．政策は第１章で述べたように，実行・意思決定・ディスコースなどの形態を持っています．実行の形態には法律・計画・事業などが挙げられ，意思決定の形態には政策アジェンダ設定・政策決定・政策変容決定などが挙げられます．またディスコースの形態には政策ビジョン・選挙公約などが挙げられます．これらの産出物がまさに政策だということです．

四つ目に，フィードバック（feedback）です．フィードバックは，政治システムモデルの第四段階として，変換過程を経て外部環境に送り出された産出物に対する反応が政治システムに再入力される現象をいいます．産出物，すなわち政策に対する外部環境の反応は，政策対象集団や一般大衆が感じる満足度・順応度などで測定できます．これらの反応が再入力されながら，政治システムの政治活動は一定の調整を受けることになります．

まとめると，政治システムモデルは政策を政治システムと外部環境との関係として認識するという特徴を持っています．そして政治システムモデルでは，政策を政治システムの産出物として見ています．そのため，政治システムモデルでは私たちにはあまりなじみのない表現ですが，政策が政治システムによって出力されると説明している点に特徴があります．

2．観光政治システム

これまで私たちは政治システムについて学びました．ここからは，より具体的に観光政治システムについて考察していきます．

1）観光政治システムの概念

観光政治システムは，前述のように政治システムを構成する下位政治システムです．政治システムの中には，それぞれ異なる政策機能を持ついくつかの下位政治システムが存在します．例えば，教育政策を担当する教育政治システム・環境政策を担当する環境政治システム・保健政策を担当する保健政治システムなどがその例です．このような下位政治システムの中で観光政治システムは，観光政策を担当する下位政治システムを意味します．

観光政治システムは，一般政治システムと同様に部分要素である複数の政府機関で構成されています．行政機関だけでなく立法機関・司法機関も含まれます．これら政府機関が相互作用を行い，観光政策を産出物として出力します．

一方，観光政治システムを構成する多くの政府機関は，それぞれの活動だけでなく政府機関間の相互作用を通してそれぞれが担う役割を果たします．これらの政府機関間の相互作用は，大きく水平的構造と垂直的構造に基づき行われます（Peters 2007）．

まず，水平的構造には政治権力の均衡という論理が適用されます．議院内閣制・大統領制などの政府形態によって各政府機関間の配列が変わります．日本は，議院内閣制を運営しています．したがって，立法府と行政府の間に権力分離ではなく権力融合の原理が作用します．また，国民が直接大統領を選出する大統領制とは異なり，議会を通じて内閣首班である内閣総理大臣が選出されます．議院内閣制に基づいた水平的構造として立法府・行政府・司法府などの政府機関が配列されています．

次に，垂直的構造には政治権力の配分という論理が適用されます．中央集権制・地方分権制などの政治権力の配分形態によって，各政府機関間の配列が変わります．中央集権制とは，政治と行政の権限が中央政府に集中しているシステムをいいます．一方，地方分権制は中央政府の統治権と行政権が地方政府に委任または付与されているシステムをいいます（Treisman 2007）．日本は，地方分権制を実施しています．したがって，地方分権制に基づいた垂直的構造として観光政策と関連した中央政府機関と地方政府機関が配置されています．

まとめると，観光政治システム（tourism political system）は観光政策を担当する政府機関の集合体と定義されます（李連澤 2020）．このような観光政治システムの構造は，水平的には立法府・行政府・司法府などが配列され，垂直的には中央政府機関と地方政府機関が配列されている非常に複雑なネットワーク形態の構造です．

2）主要観光政府機関の活動

ここからは，中央政府機関を中心に観光政策を担当する立法府・行政府・司法府の活動について考察していきます．

(1) 立法府

立法府（legislative branch）は，国民の直接選挙によって選出された議員で構成された合意体として，重要な国家政策を決定し統制する政府機関を意味します．日本の立法府は国会といい，衆議院と参議院の両院制で構成されます．この時，衆議院は下院，参議院は上院にあたり，原則として両院の議決が一致することを国会の意思とみていますが，そうでない場合は衆議院の議決権を優先しています．一方，日本国憲法第41条では，国会は，国権の最高機関であつて，国の唯一の立法機関であると規定しています．

立法府の代表的な権限として大きく三つの権限が挙げられます．一つ目に，立法に関する権限です．法律議決に関する権限・憲法改正発議に関する権限・

条約承認に関する権限などがこれに該当します．全ての法律が政策とはいえませんが国の主要政策は基本的に法律の形式を持っています．法律の形式を備えた政策は民主的正当性を持っているという点で，その重要性が非常に大きいといえます．二つ目に，財政に関する権限です．予算案の審議及び議決権・予備費の承諾権・国費の支出及び国庫債負担の議決などがこれに該当します．三つ目に,国政統制に関する権限です.内閣総理大臣の指名権・内閣の不信任権限・国政調査権・一般国務及び外交関係に関する報告を受ける権限などがこれに該当します.

一方，日本の国会は内閣の各省庁の所管により委員会を設けています．委員会は，本会議に付議する前にその所管に属する法律案件を審査したり，議案を立案する国会の合議制機関です．委員会には常任委員会と特別委員会に区分されます．常任委員会は国会法に規定された常設委員会で，主に内閣の省庁所管によって委員会が構成される反面，特別委員会は特に必要があると認められた案件及び常任委員会の所管に属さない特定の案件がある場合設置される非常設委員会といえます．常任委員会は，内閣委員会・総務委員会・法務委員会・外務委員会・財務金融委員会・文部科学委員会・厚生労働委員会・農林水産委員会・経済産業委員会・国土交通委員会・環境委員会・安全保障委員会・国家基本政策委員会・予算委員会・決算行政監視委員会・議院運営委員会・懲罰委員会の委員会で構成されています．内閣の各省庁別政策事案が常任委員会を通して事前審議過程を経ることになります．この時，観光政策は国土交通委員会で国土交通省所管に関する事項として扱われます.

（2）行政府

行政府（executive branch）は，法律を執行することで国家の目的を実現させる行政権を持っている政府機関を意味します．日本の行政府は内閣といい，首長である内閣総理大臣とその他国務大臣で組織される行政機関です．日本国憲法第65条では，行政権は内閣に属すると規定しています.

議院内閣制に基づき，行政府は立法府の信任により成立し，また立法府に対して連帯責任を負担しています．行政府の首長である内閣総理大臣は国会議員の中から国会で選抜され，内閣を構成するための人事権・組織権・予算権を持って行政府を統率します．

行政府は高度な専門性と裁量権に基づき，政策過程で非常に重要な役割を果たしています．まず，行政府は法律で規定された裁量権の範囲内で影響力を発揮し，重要政策に関する方針と案件を発議するなど実質的に政策アジェンダを設定しています．そして法律の執行権という固有の権限を持ち，国家事務を実質的に遂行する機能も担っています．また，行政府は自主的に評価機能を担当する組織を設置し運営しています．その例として，内閣官房の内閣総務官室・総務省の行政評価局などが挙げられます．

一方，観光政策を執行する中央行政機関として国土交通省の観光庁があります．観光庁は国土交通省の外局として位置づけられており，大きく国際観光部と観光地域振興部で組織が構成されています．観光庁の主な観光政策業務としては，観光地域づくり・国際観光振興・観光産業育成・観光人材育成及び活用・休暇取得の促進などが挙げられます．観光地域づくりでは，観光地域づくり法人（DMO）の育成・観光圏整備・広域周遊観光促進・地域観光コンテンツ開発などが含まれます．国際振興では，訪日旅行の促進・MICE の誘致及び開催の推進・国際機関及び二国間の観光交流協力の促進などが該当します．観光産業育成では，旅行業登録制度・住宅宿泊事業制度・国際観光ホテル整備事業・ユニバーサルツーリズム事業などが含まれます．観光人材育成及び活用では，観光人材育成政策・観光ボランティアガイドの普及などが該当します．休暇取得の促進にあたっては，各種休暇文化拡散のためのプロジェクト事業が含まれます．

（3）司法府

司法府（judicial branch）は，三権分立によって司法権を持っている国家機関を意味します．司法権は具体的に裁判権をいい，民事及び刑事訴訟裁判権・家事及び少年審判権・違憲立法審査権・命令及び処分などの違憲審査権などを含みます．日本国憲法第76条では，すべて司法権は，最高裁判所及び法律の定めるところにより設置する下級裁判所に属すると規定しています．

司法府は最高裁判所と下級裁判所で構成されています．最高裁判所は，憲法によって設置された最上級の司法裁判所で，大臣及び14人の裁判官で構成されます．一方，下級裁判所は高等裁判所・地方裁判所・家庭裁判所・簡易裁判所に区分されます．

政策過程において裁判所は裁判権を通じて消極的・事後的に介入するという特徴を持ちます．まず，裁判所は違憲立法審査権を通じて法律が憲法に違反するかどうかを審査します．この時，最高裁判所は違憲立法を最終的に判断するという点で憲法の番人とも呼ばれます．また，裁判所は行政裁判権を通じて国や地方公共団体など行政機関が法律に違反したり国民の権益に害を及ばした事案などに対して判決を下します．

一方，観光政策と関連して司法府である裁判所は一般政策と同様に裁判権を通じて観光立法機関と観光行政機関を統制するといえます．裁判所は国会または内閣が制定した観光関連制度に違憲要素はないか違憲審査権を行使し，観光行政機関の違法行為に対しては行政裁判権を行使します．このような司法府の介入は訴訟提起を通じて行われるという点で限界がありますが，司法的判決による拘束が行われるという点で強制性があるという特徴を持っています．

3．観光政策環境

これまで私たちは観光政治システムとしての観光政府機関の活動について学びました．ここからは，観光政治システムに影響を与える観光政策環境について考察していきます．

政策環境（policy environment）は，政治システムに影響を与える外部環境を意味します（Anderson 2006；Birkland 2005；森脇 2011）．その延長線上で観光政策環境は，観光政治システムに影響を与える外部環境をいいます．観光政策環境は図2－2に示したように，大きく政治的要因・経済的要因・社会的要因・

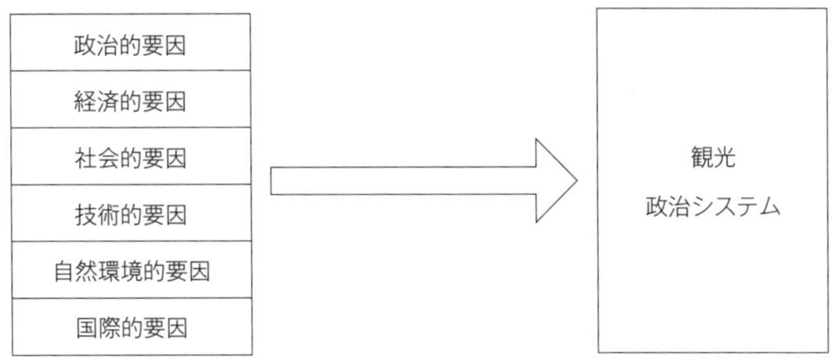

図２－２　観光政策環境要因と観光政治システム

技術的要因・自然環境的要因・国際的要因などに区分されます（李連澤 2021）．

１）政治的要因

政治的要因は，観光政治システムに影響を与える政治権力の変化要素をいいます．政治的要因には政治理念・政治文化・政治制度など根本的な政治要素とともに，選挙による政権交代のような現象的要素が含まれます．

ここでは政治的要因が観光政治システムにどのように影響を与えるのかを二つの例を挙げて考えてみます．一つ目に，参加型政治文化の拡散が挙げられます．政治文化は，政治的生活様式を意味します．参加型政治文化は，市民が政治システムの政治活動に積極的に参加する現象をいいます．そのため，参加型政治文化の拡大は観光政治システムにも大きく影響を与えます．例えば，多くの地域住民が大規模な観光開発による環境破壊を懸念し，反対要求が大きくなると，観光政治システムはこれに反応して政策を調整することになります．

二つ目に，選挙による政権交代が挙げられます．選挙は，国民が国家機関の代表を選択する民主主義の核心的な政治行為です．そのため，選挙結果によって政治権力の変化が起こります．現代政治は政党政治を基礎にしているという点で，政治権力の変化はすなわち支配政党の変化を意味します．一般的に，政党傾向は保守政党と革新政党に区別されます．仮に選挙の結果，保守政党から革新政党への政権交代が行われたとすれば，こうした政権交代は観光政治システムにも影響を与えることになります．結果的に，これまで保守政党が推進してきた観光開発政策が縮小され，観光弱者を支援するソーシャルツーリズム政策が拡大する可能性があるのです．

２）経済的要因

経済的要因は，政治システムに影響を与える生産と消費活動の変化要素をいいます．経済的要因には，経済理念・経済文化・経済制度などの根本的な経済要素とともに，経済成長・雇用・物価などの現象的な要素が含まれます．

ここでは，経済的要因がどのように観光政治システムに影響を与えるかを二つの例を挙げて説明します．一つ目に，経済成長の変化です．経済成長は，国家の経済活動により財貨やサービスの付加価値が拡大する現象を意味します．経済成長は国民所得とも密接な関係を持っています．もし経済成長が鈍化したならば，国民は政治システムに経済成長に必要な措置を取ることを求めるでしょうし，これを受けて観光政治システムも経済成長に役立つよう外国人観光客誘致拡大政策を進めるでしょう．

もう一つの例として，雇用の変化が挙げられます．景気低迷で失業者数が増加したならば，国民は政治システムに雇用創出に必要な措置を取ることを要求するでしょう．こうした要求が観光政治システムにも影響を与えることになり，観光産業に対する支援政策を導入したり，観光企業が新規人材を雇用する場合，インセンティブを与える案を検討することになります．

３）社会的要因

社会的要因は，政治システムに影響を与える集団的現象の変化要素をいいます．社会的要因には，社会理念・社会文化・社会制度などの根本的な社会要素とともに，人口構造・家族形態・生活様式などの現象的要素も含まれます．

ここでは，社会的要因がどのように観光政治システムに影響を与えるかを二つの例を挙げて説明します．一つ目に，人口高齢化です．人口高齢化は，総人口に占める高齢者人口の割合が高くなる現象をいいます．欧州連合（UN）では，65歳以上の人口を高齢者人口と規定し，高齢化社会の進行具合を３段階で示しています．高齢者人口が総人口に対して７％を超えた社会を高齢化社会，総人口に対して14％を超えた社会を高齢社会，総人口に対して21％を超えた社会を超高齢社会に分類します．日本は，超高齢社会に属します．人口高齢化が持続的に進むにつれ，政治システムが人口高齢化に積極的に反応することが求められています．観光政治システムも同様です．観光客の移動便宜のためのバリアフリー観光施設を導入したり，高齢者のための旅行経費支援対策が優先的に要求されるようになります．

二つ目に，勤務文化の変化です．近年，ワーケーション（workation）が新しい勤務文化として定着しつつあります．ワーケーションは，work と vacation の合成語で，職場ではなく休暇先で勤務する方式をいいます．ワーケーションは，新型コロナウイルスの流行により，リモートワークという新しい働き方が普及する中で，その重要性が拡大しました．こうした傾向を反映し観光政治システムは，農村や漁村などの休暇先で業務ができる環境づくりのための支援政策を準備することを求められるようになります．

４）技術的要因

技術的要因は，政治システムに影響を与える生産道具や方式の変化要素をいいます．技術的要因には製品生産技術だけでなく，移動技術・通信技術・人工知能技術など生活全般にわたって行われる技術変化要素が含まれます．

技術的要因の中で，近年の観光政治システムに影響を与える代表的な要素が人工知能技術だといえます．人工知能技術は，人間の学習能力・知覚能力などを人工的に具現するコンピュータ技術です．人工知能技術は，自動運転車・ロボット・アーバンエアモビリティ・ChatGPT など様々な形で実現されています．こうした新たな技術変化が進むにつれ，観光政治システムもこれに対する反応を求められています．具体的には，観光施設に必要な人的サービスをロボットに代替する支援対策を設けたり，観光地収容人数の管理に必要な自律統制システムの構築などデジタル観光収容態勢の拡充政策を講じることが求められます．

5）自然環境的要因

自然環境的要因は，政治システムに影響を与える自然状態の変化要素をいいます．自然環境は，人間の活動や影響によって作られた人工環境とは対立する概念です．自然環境は，広範囲な概念で大気・水・土壌・地形・気候・自然景観など地球の全ての生物と無生物を包括する状態をいいます．このような自然環境が変化し，自ら浄化できない臨界点に達した時に発生する問題を環境問題といいます．環境問題は，大気汚染・水質汚染・海洋汚染・森林破壊・自然災害・気候変動など自然状態に否定的な影響を与える様々な問題を包括する用語として使われています．こうした環境問題が深刻化するにつれ，政治システムが環境問題に対する対策を講じることを外部環境から求められています．下位政治システムである観光政治システムも同様です．

ここでは，近年の環境問題の中で最も大きな話題となっている地球温暖化問題が観光政治システムに与える影響について考えます．地球温暖化問題は，長期間にわたって地球表面の気温が上昇して発生する環境問題をいいます．地球温暖化がもたらす問題としては，海面上昇・海洋酸性化・大気汚染・生態系多様性毀損・気候変化・疾病発生など非常に広範囲です．このような地球温暖化が発生する主な原因は二酸化炭素です．二酸化炭素は，主に石油や石炭などの化石燃料を使用するときに発生します．これを解決するための方案として再生可能エネルギーの商用化・電気自動車の導入・サステナブル素材の活用・ゴミ排出削減などが提示されています．こうした地球温暖化問題が深刻化するにつれ，政治システムが対応を取り組むべきだという要求が高まっています．同様に，観光政治システムもこれに反応して持続可能な観光政策を樹立することを求められるようになります．具体的には，観光地のゴミ問題や環境汚染問題を管理するための観光環境モニタリングシステムの構築・二酸化炭素の排出を削減するための観光地内での電気自動車の利用活性化・観光施設のエコエネルギー使用拡大政策を講じることを求められるでしょう．

6）国際的要因

国際的要因は，政治システムに影響を与える対外的現象の変化要素をいいます．国際的要因は，非常に広範囲な概念です．一つの国家システムの外部で起こる全ての環境的変化要素が国際的要因に含まれます．観光政策を基準に国際的要因の類型を見てみると，まず観光政策と関連して他国で発生する全ての政策的変化要素が国際的要因に含まれます．これを外国の政策要因と呼びます．また，観光政策に関して二国間で行われる政策的変化要素も国際的要因に含まれます．これを二国間関係要因といいます．そして，国際機関のように様々な国の間に発生する政策的変化要素も国際的要因に含まれます．これを多国間関係要因といいます．現代社会において国際間の観光交流がさらに拡大するに伴い，観光政治システム，つまり観光分野で行われる政府の政治活動に与える国際的要因の影響力もさらに大きくなっています．

ここでは一つの例として，国際的要因の中で国際機関の変化要素が観光政治システムに与える影響について見ていきます．観光分野の主要国際機関としては，国連世界観光機関（UNWTO）と経済協力開発機構（OECD）が挙げられます．このうち国連世界観光機関は，世界観光産業振興を目的に設立された観光分野専門の国際機関です．国連世界観光機関は1925年に設立され，1975年に国連傘下機関に再編され運営されています．国連世界観光機構の主な活動としては，観光市場に対する加盟国間の情報交流・観光教育プログラムの提供・持続可能な観光政策アジェンダの提示などが挙げられます．また，観光産業の発展を通した経済成長・雇用創出・自然環境保護・文化遺産保護など観光産業の肯定的な影響に対する国際的理解を広める役割を果たしています．こうした国連世界観光機構の理念と活動は，加盟国それぞれの観光政治システムにも大きく影響し，特に観光政策の基本方向を設定する行動基準を提示する役割を果たすことになります．

まとめると，観光政策環境要因が観光政治システムに影響を与え，観光政治システムはこれに反応して産出物，すなわち政策を出力するという事実を確認することができました．このような政治システムモデルが私たちに伝えてくれる知識は，二つにまとめることができます．一つは，観光政治システム，つまり観光政策を担当する政府は広い範囲の政府だということ，そしてもう一つはこうした政府の政治活動は外部環境によって影響を受けるということです．

この章では，政治システムモデルの観点から観光政治システムと観光政策環境について考察しました．次の第3章では，集団論的観点から観光政策形成に影響を与える集団の活動について説明していきます．

📖参考文献

Anderson, J. (2006) *Public Policy Making* (6 th ed.), Houghton Mifflin.

Birkland, T. (2005) *An Introduction to the Policy Process : Theories, Concepts, and Models of Public Policy Making*, M. E. Sharpe.

Easton, D. (1971) *The Political System : An Inguiry into the State of Political Science* (2 nd ed.), Alfred A. Knopf.

Peters, B. G. (2007) *American Public Policy : Promise and Performance* (7 th ed.), CQ Press.

Skyttner, L. (2001) *General Systems Theory : Ideas & Applications*, World Scientific Publishing.

Treisman, D. (2007) *The Architecture of Government : Rethinking Political Decentralization*, Cambridge University Press.

李連澤（2020）『観光政策学（第2版）』白山出版社.

李連澤（2021）『観光学（第2版）』白山出版社.

堀江湛・加藤秀治郎（2019）『政治学小辞典』一藝社.

森脇俊雅（2011）『政策過程』ミネルヴァ書房.

第3章 観光政策と政策アクター

この章では，観光政策に影響を与える集団の活動について考察します．主な内容として，集団論的観点・政策アクターの概念と類型・非政府アクターの類型別活動を検討し，続いて政策ネットワークについて説明します．

1．政策アクター

最初に，政策アクターを理論的に説明する集団論的観点について学び，政策アクターの概念と類型について見ていきます．

1）集団論的観点

人間は社会的存在であり，集団から離れては生きて行けません．生活の中でどんな形の集団であれ一定の関係を築いています．したがって，集団は人間社会を理解する上で非常に重要な概念だといえます．それでは，集団とは何でしょうか．集団というと，まず多数の人々の集まりを意味します．しかし，集団は単に多数の人々の集まりという意味だけを持つのではなく，人々が集まり共同の活動を行うという重要な特徴を持っています．これを反映して，学術的には集団（group）を共同の目的を達成するために構成員間の相互作用を行い，これを通して理解を共有する集合体と定義しています．

人々が集団活動をする理由として，大きく二つが挙げられます．一つは，個人的な動機です．人々は集団活動を通して個人的に欠乏した欲求を満たすことができます．例えば，情緒的に安定したり，経済的に利益を追求したりできます．もう一つは，集団を通した社会問題の解決です．特定の社会問題が発生した時に，人々は集団を通して社会問題を解決しようとします．その理由は，集団活動が個人活動よりパフォーマンスの効率性が上がるためです．

このような集団活動は，政策形成においても重要な役割を果たすことになります．第2章で説明したように，政府は政治活動，すなわち変換過程を経て政策という産出物を出力します．この過程で特定の社会問題解決に関心があったり影響を受ける人々が集団を通して政府の政治活動に関与することになります．

政策学では，このように政策形成に影響を与える集団活動を説明する理論を集団論といいます．集団論的観点では政策はすなわち集団活動の産出物という立場を持っています．したがって，政策は政治システムの産出物として説明する政治システムモデルの観点とは違いがあります．

2）政策アクターの概念と類型

集団論では，政策形成に影響を与える集団を政治システム，つまり政府に限定しません．政府だけでなく，政策に関わる様々な行為者の参加を重要視しているのです．

政策アクター（policy actors）は，政策形成に影響を与える全ての集団を意味します（Birkland 2005）．この時，政策アクターは制度的権限の有無を基準に政府アクターと非政府アクターに区分することができます．政治活動に必要な合法的な権限を与えられた集団は政府アクターといい，政治活動に必要な合法的な権限を与えられていない集団は非政府アクターと呼ばれます．

非政府アクターは，政治システムの外部で活動します．前述した第2章の政治システムモデルでは外部環境から政治システムへの入力が行われ，入力は要求と支持の形を取ると説明しました．この時，要求と支持が実質的には非政府アクターによって行われるといえます．

非政府アクターの類型は，非常に多様です．政治的影響力・集団の利益・専門知識・国民参加などを基準に多様な類型の非政府アクターが活動します（Anderson 2006).

政治的影響力を基準に見てみると，代表的な非政府アクターは政党です．政党は，議会政治において重要な組織であり，政党活動は政府の政治活動にも大きく影響を与えます．

集団の利益を目指して活動する非政府アクターには，利益集団が挙げられます．利益集団は，構成員の共同利益のために活動し，政府の政治活動に影響を与えます．

利益集団と似ていますが構成員の共同利益ではなく，社会的利益，すなわち公益のために活動する非政府アクターには，NGO が挙げられます．NGO は，政府ではないですが，政府と同様に公益的活動を行い政府の政治活動に影響を与えます．

政策に必要な専門知識を提供することで，政府の政治活動に影響を与える非政府アクターには専門家集団が挙げられます．専門家集団は，公式的に政策過程に参加したり，非公式的に諮問機関としての役割を遂行します．

マスメディアは，情報伝達者として政府の政治活動に影響を与えます．近年，ニューメディアの登場に伴い，このような情報伝達者としての役割に変化が現れています．いわゆる双方向コミュニケーションが活性化しています．

一般大衆も政府の政治活動に影響を与えます．一般大衆は，政策過程に参加する国民をいいます．国民は時には個人として，時には大衆として政策過程に参加します．

まとめると，政策アクターは政策形成に影響を与える政府アクター及び非政府アクターと定義されます．そして集団論では，このような政府アクターと非政府アクターとの関係を研究対象としています．

2．非政府アクターの類型別活動

ここからは，前述の政府アクター，つまり政府の政治活動に影響を与える非政府アクターの類型別活動について詳しく説明します．

1）政党

政党（political party）は，同じ政見を持つ人々が政権獲得を目的に結成した集団をいいます．政党は，議会政治を前提としています．議会政治は，国民の代表者で構成された議会が国権の最高機関として活動する政治構造を意味します．議会は国民を代表し，法律を制定し，行政府を監督する機能を遂行します．

政党は，このような議会政治の中心に存在しています．その理由は，政党は議会を構成する議員候補者を輩出する集団であるためです．政党が掲げた候補者は選挙を通じて選出され，議員になります．そして，議員は内閣総理大臣や大臣などの政府アクターとして活動することになります．このような意味から，政党は非政府アクターと政府アクターを連結する位置にあるといえます．

政策過程において政党は利益集約活動を遂行することで政府の政治活動に影響を与えます（図3－1参照）．政党は，一般大衆・利益集団・NGOなど多様な非政府アクターが要求したり，支持する事項をまとめ政策代案を準備し，政策代案を政府に伝達する中間者としての役割を担っています（Almond & Powell 1980；砂原・稗田・多湖 2020；松田・岡田 2018）．

政党の政策参加方式は，制度的方式と非制度的方式に区分されます．制度的方式は，政党が政府の政治活動に公式的に参加する方式をいいます．政党は法律に規定された各種協議会に参加し，協議会を通して政党の政策的立場を政府に直接伝えることができます．

非制度的方式は，政党が政府の政治活動に非公式的に参加する方式をいいます．政党は基本政党政策方向の提示・政党政策資料の発表・政党政策広報・政

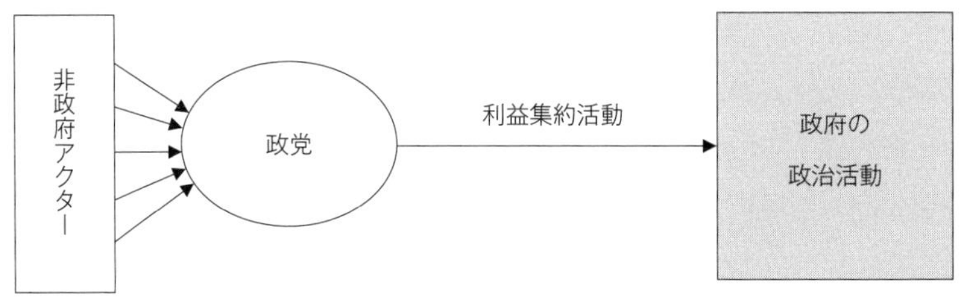

図3－1　政党の活動

党政策討論会の開催・政党記者会見及び声明書の発表・広告制作などの世論造成活動を通して政党の政策的立場を政府に間接的に表明することができます.

2）利益集団

利益集団（interest group）は，集団構成員の共通利益を実現する目的で結成された集団をいいます．観光分野の利益集団には，各種観光事業体で結成された事業者協会・労働者の権益のために結成された労働組合などが挙げられます．利益集団は，特定の社会集団の利益のために政策過程に参加する中で，政治的に集結する性格を持つようになります．そのため，利益集団を圧力団体と呼ぶこともあります（森脇 2011）.

利益集団は，大きく制度的利益集団と会員制利益集団に区分されます．制度的利益集団は特定機関の構成会員が組織的に結集された団体をいい，会員制利益集団は会員が自律的に選択して加入する団体をいいます．例えば，学生会則に基づいて活動する大学の学生会のような団体が制度的利益集団の典型的な例だといえます．その反面，事業者協会・労働組合などは会員制利益集団に該当します.

政策過程において利益集団は，会員の共通利益を代弁する利益表出活動を遂行することで政府の政治活動に影響を与えます（図3－2参照）．しかし，利益集団が圧力団体として政治活動を遂行するためには，次の三つの条件を備えることが必要です.

一つ目の条件として利益集団は知識と情報を十分に持っていなければなりません．政府アクターは，特定の分野について具体的な専門知識を持っていない場合があります．したがって，利益集団が政策過程で影響力を持つためには，関連分野について十分な知識と力量を備えることが必要です.

二つ目の条件として利益集団は財政能力を十分に持っていなければなりません．利益集団が財政能力を持たない場合，独立した活動を行う際に制限を受けることになります．したがって，会員から積極的な財政的支援を受けることが非常に重要です.

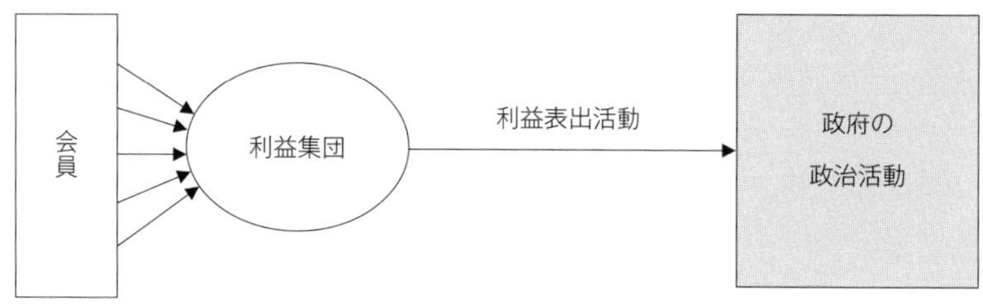

図３－２　利益集団の活動

三つ目の条件として利益集団は活動の自律性を十分に持っていなければなりません．利益集団が政府や外部の政治的勢力によって影響を受けると，構成員の共通利益を代弁する本来の機能を失うことになります．したがって，利益集団は法的・制度的に自律性を備えるための装置を作ることが必要です．

利益集団の政策参加方式は，制度的方式と非制度的方式に区分されます．制度的方式は，利益集団が政府の政治活動に公式的に参加する方式をいいます．利益集団は，政府が主管する委員会・会議・公聴会・政策セミナーなどに参加し，自分たちの意見を政府に直接提示することができます．

非制度的方式は，利益集団が政府の政治活動に非公式的に参加する方式をいいます．利益集団は政策討論会の開催・政策報告書の発表・記者会見及び声明書の発表・広告制作・集会やデモなど主に世論形成活動を通して利益集団の意見を政府に間接的に表明することができます．

3）NGO

NGO（non-governmental organization）は，社会的公益を実現する目的で結成された集団をいいます．NGO は民間団体ですが，公的利益を追求します．その点で，私的利益を追求する利益集団とは区別されます．NGO は，一般的に市民社会団体と呼ばれることもあります．また，NGO に類似した概念として市民社会組織（civil society organization）が挙げられます．

NGO という名称は，国際連合（UN）で初めて使用され始めました．NGO は1945年に国際連合が創設された際に諮問機関として設立され，政府が解決で

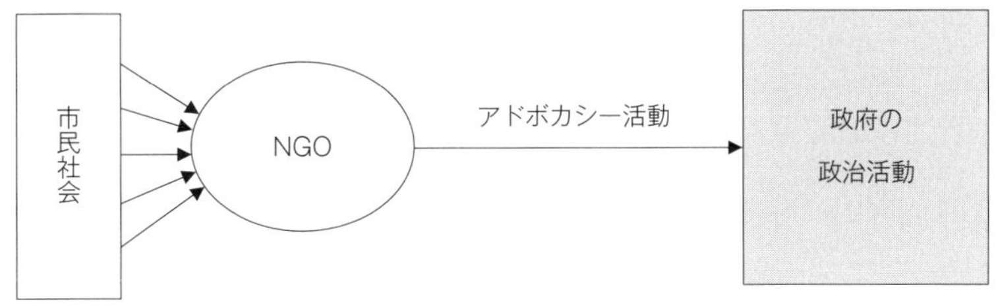

図3－3　NGOの活動

きない様々な社会的活動を展開してきました．主な活動には，人権保護・環境保全・開発途上国支援・緊急医療救護などが挙げられます．

政策過程においてNGOは，市民社会の要求を代弁するアドボカシー活動を遂行することにより，政府の政治活動に影響を与えます（図3－3参照）．

NGOがこのようなアドボケーターとしての役割を果たすためには，次のような条件を備えなければなりません．

一つ目の条件としてNGOは特定の社会的分野について専門性を十分に持っていなければなりません．例えば，観光開発が与える否定的な環境影響に対する社会的要求を主張するためには，環境分野についての知識を十分に持ち，代案提示を行うことのできる能力を持たなければなりません．

二つ目の条件としてNGOは社会的信頼を確保しなければなりません．NGOは市民社会の公益を追求するという点で，他のどの社会集団よりも優越した道徳性を持たなければなりません．そうしてこそ，政府・政治・市場に対する不信と官僚組織が持つ限界による代案として，NGOの公的役割が社会的に認められることができます．

三つ目の条件としてNGOは政府と市場に対して批判的な役割を果たさなければなりません．NGOは単に市民社会の要求を政府に代弁する役割だけをするわけではありません．NGOは，政府と市場の施策を批判できなければなりません．これを，NGOの牽制機能といいます（Ibarra 2003)．

NGOの政策参加方式は，利益集団と同様に制度的方式と非制度的方式に区分されます．制度的方式は，NGOが政府の政治活動に公式的に参加する方式をいいます．NGO は政府が主管する政策公聴会への参加・政府委員会への参加・立法請願・司法府告発・政府役務などを通して NGO の意見を政府に直接提示することができます．

非制度的方式は，NGO が政府の政治活動に非公式的に参加する方式をいいます．NGO は，政策討論会の開催・政策報告書の発表・記者会見及び声明書の発表・記事の投稿・広告制作・監視活動・キャンペーン活動・集会やデモなど主に世論形成活動を通して NGO の意見を政府に間接的に表明することができます．

4）専門家集団

専門家集団（expert group）は，社会問題解決を目的に政策研究を遂行する集団をいいます．専門家集団には，政策研究所・学会・大学などが含まれます．この中で政策研究所はシンクタンクとも呼ばれます．シンクタンクは，政策現象を説明する理論的研究だけでなく，政策代案提示及び政策評価のような実務的研究も遂行します．専門家集団の政策参加は，主に実務的研究を通して行われます．

専門家集団は，大きく三つの類型に区分されます．一つ目は，社会問題の解決に必要な政策知識を獲得するために理論的な学術研究を遂行する専門家集団です．主に学会や大学などがこれに該当します．

二つ目は，政府と契約を結び実務的な研究役務を遂行する専門家集団です．政府傘下の政策研究所と民間の政策研究所がこれに該当します．もちろん，学会や大学も政府契約の研究を行うことができます．

三つ目は，特定の政治集団を支援するために政治的な研究役務を遂行する専門家集団です．政党に所属する政策研究所がこれに該当します．また，独立的に政治志向的研究を行う政策研究所もあります．

専門家集団は政策代案の提示及び政策評価活動を遂行することで政府の政治活動に影響を与える可能性があります（図 3－4 参照）．専門家集団は政党・利益集団・NGO などとは異なり，特定の社会集団の要求を代弁したり主張するの

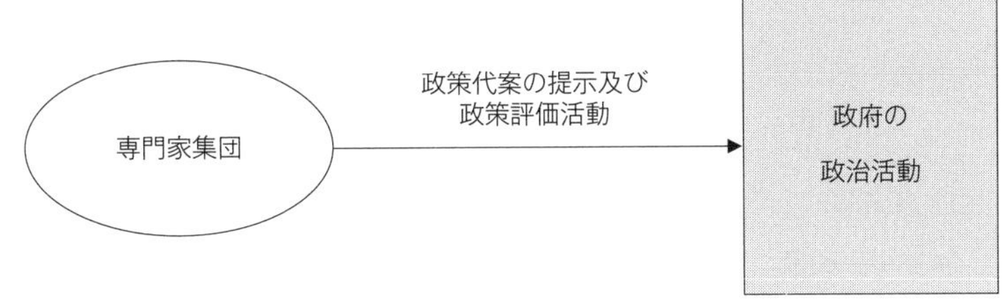

図３－４　専門家集団の活動

ではなく，政府の政治活動を支援したり評価するカタリストの役割を遂行するという点で違いがあります（Kakihara & Sorensen 2002）.

専門家集団の活動は，政策問題が複雑になり多様化するにつれ，その重要性がさらに高まっています．例えば，地球温暖化のような環境問題が台頭し，環境問題に対応する新しい分野の専門家集団が登場しています．また，国際伝染病感染問題のような国際的なアプローチが求められる政策問題が発生し，専門家集団間の国際的なネットワーキングも活発に行われています.

専門家集団の政策参加方式は，制度的方式と非制度的方式に区分されます．制度的方式は，専門家集団が政府の政治活動に公式的に参加する方式をいいます．専門家集団が，政府が主管する委員会に直接参加したり，政策討論会に参加して専門的な意見を提示することができます．また，政府が発注する研究役務を通しても政府の政策活動を支援することができます.

非制度的方式は，専門家集団が政府の政治活動に非公式的に参加する方式をいいます．専門家集団は，民間部門が主催する各種政策討論会や学会の学術セミナーなどを通して政策的意見を伝達することができます．また，マスメディアの記事・出版物・政策報告書などを通して政府の政治活動に対する専門家集団の立場を表明することができます.

５）マスメディア

マスメディア（mass media）は，大衆を対象に情報を伝達する集団をいいます．マス（mass）は，不特定多数の人々で構成された集合体を意味しています.

マスメディアは，大衆を対象に大量の情報を配信するチャネル機能を遂行しているのです．

マスメディアは，伝統的メディアとニューメディアに区分されます．伝統的メディアには，新聞・ラジオ・テレビ・雑誌などが含まれます．伝統的メディアでは，情報の生産者と消費者が明確に区別され，主に一方向のコミュニケーションが行われるという点を特徴としています．一方，ニューメディアはインターネット・モバイル技術を利用して意思疎通が行われます．ニューメディアでは，大衆が情報の消費者だけでなく生産者の役割も担うことができ，双方向のコミュニケーションが行われるという点を特徴としています．

マスメディアの社会的機能は，単に情報伝達の機能だけにとどまるものではありません．マスメディアは，情報伝達を通した社会調整機能を持っています．マスメディアは客観的な情報伝達を通して大衆の世論を形成し，政府や企業のような社会組織を監視する役割を果たします．マスメディアのこのような監視機能のために，マスメディアを立法府・行政府・司法府に次いで第4の権力機関と称することもあります（森脇 2011）．

政策過程において，マスメディアは二つの役割を果たします（図3-5参照）．一つは，政策情報の伝達や世論を形成させる役割を通して政府の政治活動に影響を与えます．もう一つは，政府の政治活動を牽制する監視者の役割を通して政府の政治活動に影響を与えます．

マスメディアの政策参加方式は，制度的方式と非制度的方式に区分されます．制度的方式は，マスメディアが政府の政策活動に公式的に参加する方式をいいます．マスメディアは，政府が主管する記者懇談会・政策ブリーフィングなどに直接参加することで，政府の政治活動に影響を与えることができます．

非制度的方式は，マスメディアが政府の政策活動に非公式的に参加する方式をいいます．マスメディアは，記事・論説・寄稿文などを通して政党・利益集団・NGO・専門家集団などの政策的意見を伝えることで政府の政治活動に影響を与えることができます．

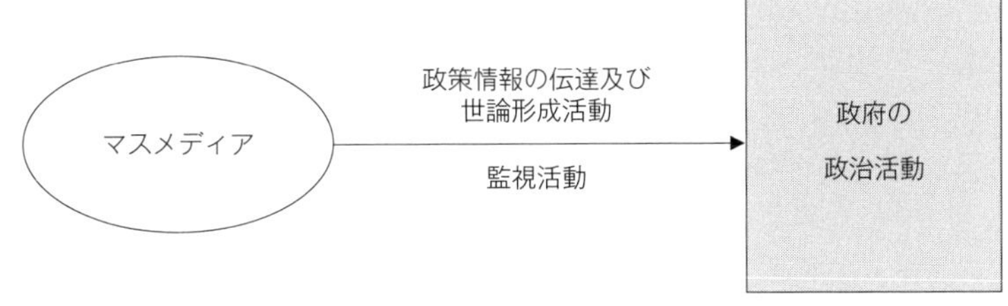

図3－5　マスメディアの活動

6）一般大衆

一般大衆（general public）は，個人として，あるいは組織化されていない大衆として政策形成に関与する国民をいいます．国民（people）は，国家を構成する人，あるいは国籍を持つ人を意味します．つまり，国民は国家の構成員という広い意味であるのに対し，一般大衆は国民の中でも政府の政治活動に影響を与える非政府アクターを指すという狭い意味を持つといえます．

一般的に，広い意味での国民が国家に対する地位は四つに区分されます．一つ目に，消極的な地位として国民は国家から自由な立場を主張することができます．二つ目に，積極的な地位として国民は国家の積極的な行為を要求することができます．三つ目に，能動的な地位として国民は国家活動に参加することができます．四つ目に，受動的な地位として国民は憲法に基づく義務を果たさなければなりません．一般大衆はこのうち二つ目と三つ目の地位，すなわち積極的で能動的な地位を持つ国民をいいます．

一般大衆の政策参加は，個人としての参加と組織化されていない大衆としての参加に区分されます（Anderson 2006）．これを概略的に示すと，図3－6のようになります．

まず，個人としての活動を見てみると，一般大衆は政府の政治活動に対して個人の意見を表出することができます．一般大衆は，政府が主管する公聴会・政策討論会などに参加して自分の意見を直接伝えることができ，電子政府システムを活用して政府の政治活動に参加することもできます．

個人としての政策参加で最も重要な活動は，国民投票を通した参加です．国

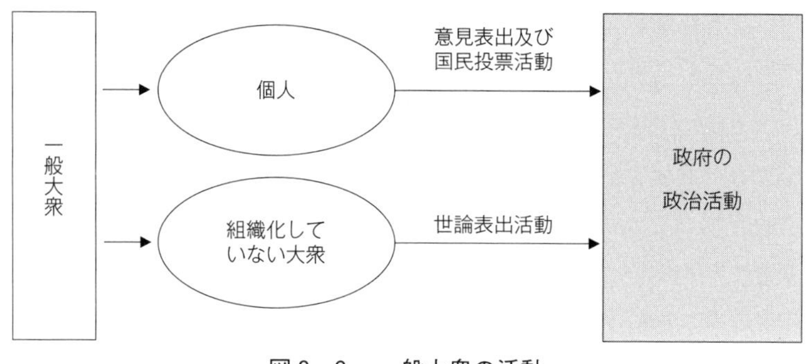

図3－6　一般大衆の活動

民投票は，国家的に重要な政策決定に対して投票方式を通して国民の意思を直接反映する制度をいいます．また，国だけでなく地方自治体レベルでも住民投票を通して住民の意思を反映することができます．

次に，組織化されていない大衆としての政策参加活動を見てみると，一般大衆は世論表出を通して政府の政治活動に影響を与えることができます．世論は，一般大衆が特定の政策に対して持っている共通の意見をいいます．このような世論表出においては，マスメディアの役割が非常に大きいです．また，一般大衆は集会やデモを通して世論を政府に伝えることができます．

3．観光政策ネットワーク

ここからは，政府アクターと非政府アクターがどのように結合し，観光政策形成に影響を与えるのかを説明します．

1）政策ネットワークの概念

政策アクターはそれぞれ個別に活動することもありますが，実質的には多様な政府アクター及び非政府アクターが結合しながら活動することで政策形成に対する影響力を高めています．これらの結合形態は，大きく権力構造と相互作用関係を基準に区分されるといえます．

まず，権力構造による結合は政策アクターが持つ実質的支配力を基準に形成された結合形態をいいます．実質的支配力は必ずしも合法的な権限だけを意味するわけではありません．合法的な権限の他にも，経済力・名声・情報力などが支配力を形成する資源となります（Lukes 1974）．

代表的な例が，エリートモデル（elite model）です．エリートモデルは，少数の指導者たちが結合し政治システム，つまり政府の政治活動に影響を与える形態をいいます（Mills 1956）．少数の指導者は，大抵の場合，制度的地位が高い人々です．彼らは，経済力・名声・情報力などで政策形成に支配的な権力を行使します．したがって，透明な政治的結合とは程遠いともいえます．

この他にも利益集団間の合意を基盤に結合された多元主義モデル（pluralist model），政府の主導的な権力によって結合された組合主義モデル（corporatism model）などがあります（Dye 2008）．このような権力構造による結合形態を通称して古典的権力モデルといいます（Cairney 2012）．

次に，相互作用関係による結合は多数の政策アクターの相互協力と競争を通して形成された結合形態をいいます．相互作用関係による結合は，古典的権力モデルとは異なり，多数の政策アクターが参加する開放的な構造を特徴としています．また，政策決定においても，特定の政策アクターが主導権を持つ垂直的な構造ではなく，水平的な構造が形成すると想定します（Dorey 2005；Williams 2004）．

代表的な例が，政策コミュニティモデル（policy community model）です．政策コミュニティモデルは，多数の政策アクターが相互依存性を土台に水平的に結合し，政策形成に影響を与える形態をいいます（Rhodes & Marsh 1992）．この他にも政府アクターと非政府アクター間の緊密な利害関係に基づいて結合された下位政府モデル（subgovernment model），政策アクター間の競争的相互作用に基づいて結合されたイシューネットワークモデル（issue network model）などがあります（Rhodes & Marsh 2002）．

現代社会においては，民主主義が成熟し，社会が多元化するにつれ，相互作用関係による結合形態が活性化しています．そして，このような相互作用関係による結合形態を通称して現代的政策ネットワークモデルと名づけています．これは，前述した古典的権力モデルと対比される概念だといえます．

まとめると，政策ネットワークは，政策形成に影響を与える政策アクターの結合を意味します．そして，政策ネットワークモデル（policy network model）は政策アクターによって形成された結合形態を理論的に説明しています．

2）政策ネットワークモデルの類型

ここからは，政策ネットワークモデルの類型について詳しく見ていきます．

（1）下位政府モデル

下位政府モデルは，非政府アクターである利益集団と政府アクターである議会と行政府の三者間の相互作用に基づいて形成される結合形態をいいます（図3－7参照）．

下位政府モデルは，1960年代にアメリカで以前の時代とは異なる様々な社会問題が発生する中で，問題を解決するために政策分野別の政策ネットワークが形成され登場した概念です．特に，この時期には特定の社会分野に専門性を持っている利益集団の役割が大きく目立つようになりました．新しい環境変化に対応し，三者は密接な相互利害関係に基づいて結合し，政策形成に影響を与えるようになりました．そのような意味で，これらの関係を鉄の三角形(iron triangles)と称することもあります（Birkland 2005）．

一方，下位政府モデルの特徴を見てみると，小規模な結合形態を持っている

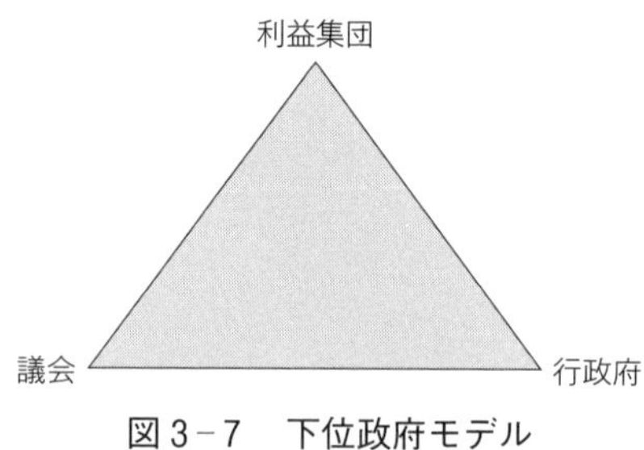

図3－7　下位政府モデル

という点で古典的権力モデルであるエリートモデルと類似していることが分かります．しかし，エリートモデルが少数の指導者たちが集まった個人的水準の結合である反面，下位政府モデルは，規模は小規模ではあるものの，集団または組織水準の結合という点で違いがあります．一方，政策環境が急激に変化し，新しい非政府アクターが登場することにより，下位政府モデルが多様な政策アクターの利害関係を全て受け入れるには限界を見せるようになりました．

観光分野でも自然災害や国際伝染病の拡散などにより観光産業に危機的状況が発生すると，非政府アクターである観光協会と政府アクターである議会・行政府の三者連合が緊急に形成され，危機に陥った観光事業者を支援するための危機対応策を講じる場合があります．このように形成された三者連合が下位政府モデルに該当するといえます．

(2) 政策コミュニティモデル

政策コミュニティモデルは，利益集団・議会・行政府の三者連合に非政府アクターである専門家集団が追加的に含まれ，これらの相互作用に基づいて形成される結合形態をいいます（図3－8参照）．

政策コミュニティモデルは，社会問題解決のために政策の必要性が強調される中，政策に対する合理的なアプローチが要求された時期に登場した概念です．政策の実現を成功させるためには，政策形成過程において有効性・能率性・公平性などについての事前評価が非常に重要な問題だといえます．このような問題を解決するためには専門家集団の政策参加が必ず必要となり，様々な政策ア

図3－8　政策コミュニティモデル

クター各自が持っている権限・情報・知識などの資源を相互交換する政策コミュニティが形成されるようになりました.

一方，政策コミュニティモデルの特徴を見てみると，政策コミュニティモデルは相互依存的モデルという点で古典的権力モデルである組合主義モデルと類似していることが分かります．しかし，組合主義モデルが政府の主導的な権力を基盤に形成されるのに対し，政策コミュニティモデルは自律的な参加意志によって形成された結合という点で違いがあります．また，政策コミュニティモデルは下位政府モデルと比べてその規模がさらに拡大し，ネットワーク境界がより開放的だといえます.

観光分野でも観光発展のための中長期計画を樹立する際，議会・行政府・利益集団・専門家集団などが参加する観光政策諮問委員会が設立され，運営される場合があります. この時, 設立される観光政策諮問委員会が政策コミュニティモデルの性格を持っているといえます.

（3）イシューネットワークモデル

イシューネットワークモデルは，議会・行政府・利益集団・専門家集団・NGO・マスメディア・一般大衆など多様な政策アクターが特定のイシューを中心に共に参加し，政策アクターの協力的あるいは競争的相互作用に基づいて形成される結合形態をいいます（図3－9参照).

イシューネットワークモデルは，社会構造の変化・技術革新・環境問題の台頭など急激な政策環境の変化を経験するにつれ，イシューに対して適切なタイミングに対応できる政策アクターの連合の必要性が提起される中で登場した概念です．つまり，イシューネットワークモデルは，新しく登場する社会問題に対応ができる政策アクターの専門的な知識と情報の交換が相互作用の核心的な要素だといえます.

一方，イシューネットワークモデルの特徴を見てみると，規模の面では下位政府モデルや政策コミュニティモデルなどの政策ネットワークモデルよりも広範囲で多様な政策アクターが参加している点で違いがあります．そして，利害

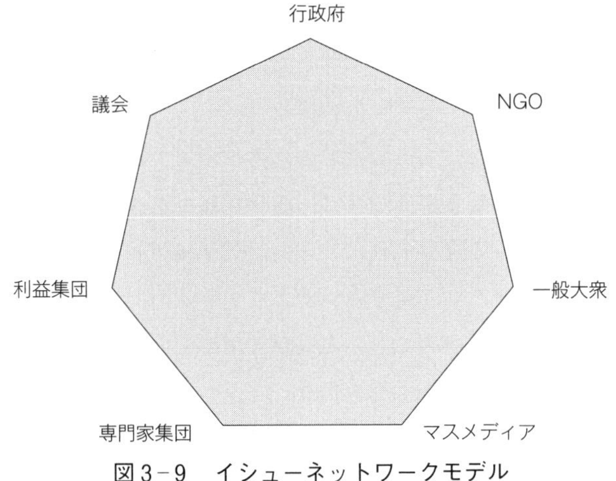

図3-9　イシューネットワークモデル

関係が異なる政策アクターが参加し，競争的に相互作用を行うため不均衡な結合構造が形成される可能性があるといえます．また，このように多様な政策アクターが結合するため，彼らの相互作用関係が政策形成に与える影響を予測できないという点に特徴があります．

観光分野でも景気低迷に対応し雇用創出のための各種対策が講じられています．この場合，議会・行政府・利益集団・NGO・マスメディア・専門家集団・就職対象者集団など観光分野の雇用対策と関連した政策アクターが観光雇用創出対策委員会を構成し，色々な対応方案を模索することになります．この時に設立される観光雇用創出対策委員会がイシューネットワークモデルの性格を持つといえます．

まとめると，政策アクターは個別に活動したり，他の政策アクターと結合したりすることで，観光政策形成に影響を与えます．政策環境が急速に変化する中で，政府の独立した政治活動だけで観光問題を解決することは非常に困難となりました．まさにその点で様々な非政府アクターの観光政策参加がさらに拡大するものと期待されているのです．

この章では，集団論の観点から非政府アクターが政府の政治活動に与える影響について考察しました．次の第４章からは視点を変え，政策過程論の観点から政府の段階的活動について説明します．

📖参考文献

Almond, G. & Powell, B. (1980) *Comparative Politics : System, Process, and Policy* (3 rd ed.), Little, Brown & Company.

Anderson, J. (2006) *Public Policy Making* (6 th ed.), Houghton Mifflin.

Birkland, T. (2005) *An Introduction to the Policy Process : Theories, Concepts, and Models of Public Policy Making,* M. E. Sharpe.

Cairney, P. (2012) *Understanding Public Policy : Theories and Issues,* Palgrave Macmillan.

Dorey, P. (2005) *Policy Making in Britain,* Sage.

Dye, T. (2008) *Understanding Public Policies,* Prentice Hall.

Ibarra, P. (2003)The Social Movements : From Promoters to Protagonists of Democracy. In P. Ibarra (ed.) *Social Movements and Democracy,* Palgrave.

Kakihara, M. & Sorensen, C. (2002) Post-modern Professionals Work and Mobile Technology. *New Ways of Working, 25th Information Systems Research Seminar,* Copenhagen Business School.

Lukes, S. (1974) *Power : A Radical View,* Palgrave.

Mills, C. (1956) *The Power Elite,* Oxford University Press.

Rhodes, R. & Marsh, D. (1992) Policy Networks in British Politics : A Critique of Existing Approaches. In R. Rhodes & Marsh, D. (eds.), *Policy Networks in British Government,* Clarendon.

Rhodes, R. & Marsh, D. (2002) *Policy Communities and Issue Networks : Beyond Typology, Social Networks : Critical Concepts in Sociology,* Routledge.

Williams, A. (2004) Governance and Sustainability : An Investigation of the Role of Policy Mediators in the European Union Policy Process. *Policy and Politics,* 32 (1) : 95–110.

砂原庸介・稗田健志・多湖淳（2020）『政治学の第一歩（第２版）』有斐閣ストゥディア．

松田憲忠・岡田浩（2018）『よくわかる政治過程論』ミネルヴァ書房．

森脇俊雅（2011）『政策過程』ミネルヴァ書房．

第4章 観光政策アジェンダ設定

この章では，政策過程について全般的に考察した上で，その第一段階である観光政策アジェンダ設定について議論します．主な内容として，政策過程を検討し，続いて観光政策アジェンダ設定の概念と段階・観光政策アジェンダ設定の類型・観光政策アジェンダ設定と限定合理性・観光政策アジェンダ設定とトリガーメカニズムについて説明します．

1．政策過程

政策過程は，政策が生み出される一連の流れをいいます．政策過程は，前述した政治体制論や集団論とは異なり，政策過程論に基づいています．政策過程論は政策学において長い間中心的な理論体系として扱われてきました（宮川 2007）．

政治システムモデルでは，この過程を変換過程と呼んでいます．多くの場合，一般大衆は政策が実行された後にようやく政策の形成を認知するようになります．しかし，実際の政策は一瞬の結果として現れるのではなく，一定の段階を経て形成されるのです．

日常的な業務を処理する時も，私たちは計画（plan）—実行（do）—評価（check）の段階的過程を経ています．同様に，政策を形成又は実行するために政府が段階的過程を経ることは，必要不可欠だといえます．

政策学では，昔から政策過程について多くの研究が行われてきました．その代表として政策学の創始者であるラスウェルは，政策過程を情報収集，建議，処方，行動化，適用，終結，評価の７段階で提示しています(Lasswell 1956, 1971)．彼は，政府が政策を形成及び実行するために要求される段階的過程を非常に詳細に具体化して提示したといえます（松田・岡田 2018)．

その後，多くの政策学者が実際の政策はどのような段階を経て形成及び実行されるかを経験的に研究し（Anderson 2006；Dunn 2008；Riply & Franklin 1986)，その結果として段階区分がより明確になり，全過程を包括できる政策段階の合意へ至るようになりました．政策アジェンダ設定，政策決定，政策執行，政策評価，政策変容の５段階がその段階として提示されています．このような五つの政策段階は，政策過程の初期段階から最終段階までを包括しているという意味で，政策のライフサイクルモデルとも呼ばれています．

まとめると，政策過程（policy process）は政策が形成及び実行される一連の段階と定義されます．政策過程は政策アジェンダ設定，政策決定，政策執行，政策評価，政策変容の５段階で構成されます．

これを適用して，観光政策学では観光政策過程を観光政策が形成及び実行される一連の段階と定義し，図４－１に示すように５段階で提示しています（李連澤 2020)．

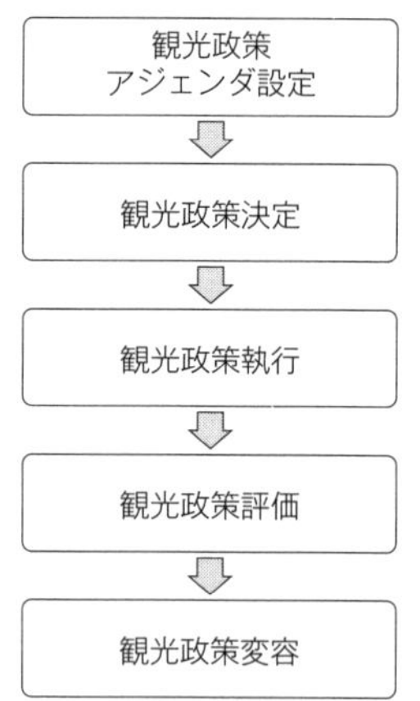

図４－１　観光政策過程の段階

2．観光政策アジェンダ設定の概念と段階

次に，観光政策過程の第一段階である観光政策アジェンダ設定の概念と段階について説明していきます．

観光政策アジェンダ設定（tourism policy agenda setting）は，特定の社会問題を観光政策アジェンダとして採択する政府の活動をいいます（李連澤 2020）．この概念には，全ての社会問題が観光政策アジェンダとして扱われるわけではないという意味が含まれています．例えば，ある特定の人が観光地での交通サービスを不便だと感じたからといって，すぐに観光政策アジェンダとして扱われることはありません．政府はこの問題をどれだけ多くの人が不便に感じているのか，この問題がどれほど緊急な問題なのか，また他の問題と比べてどれほど重要なのかを判断し観光政策アジェンダとして把握することになります．ここで観光政策アジェンダは，観光政策を形成するために政府によって議論される案件という意味を持ちます．

このような観光政策アジェンダ設定段階は，大きく四つの段階で構成されます（Cobb & Elder 1972）．これを概略的に示すと，図4－2のようになります．

まず，一番目の段階は社会問題の段階です．この段階は，観光と関連した社会問題が発生した状況をいいます．社会問題（social problem）は，個人及び少数の人々に該当する問題とは区別されます．例えば，ある青年が海外旅行に行きたいという欲求はあるものの，経済的条件が許されないという問題があるとします．このような立場にある青年が一人だけでなく，多数の青年が同じ状況にあり，多くの人々がこの問題を社会構造的な問題だと考えているのであれば，この問題は社会問題に発展するようになります．

二番目の段階は，社会イシューの段階です．この段階は，観光と関連して発生した社会問題が社会イシューとして拡散される過程です．社会イシュー（social issue）は，特定の事案に対して多数の人々が意見を表明し，互いに論争が行われる争点をいいます．先ほどの青年海外旅行問題において，多数の人々が

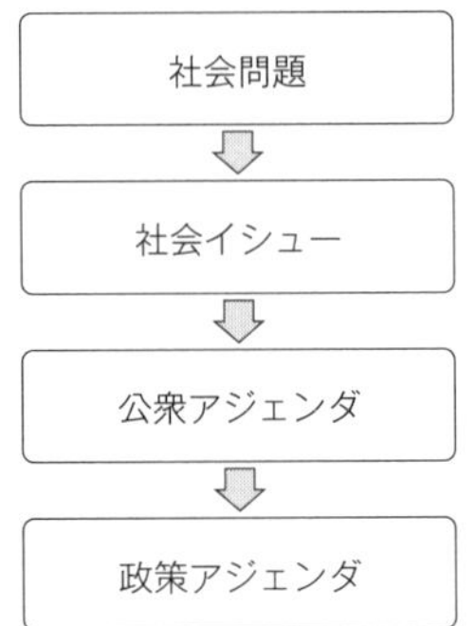

図４－２　観光政策アジェンダ設定の段階

青年海外旅行問題を社会問題だと認識していたら，その次はどうなるでしょうか．おそらくこの問題をどのように解決すべきかについての多様な意見が登場し，それをめぐる論争が行われることになるでしょう．まさに社会イシューの段階に進むということです．政府が青年に海外旅行経費を支援することが正当なのか，そうでないのかについての社会的論争が拡散されるようになるのですね．

三番目の段階は，公衆アジェンダの段階です．この段階は，社会イシューが公衆アジェンダに転換される過程です．公衆アジェンダ（public agenda）は，大衆の支持を受ける社会的案件をいいます．特定の社会問題が公衆アジェンダに発展するためには，前述した社会イシューの段階を経なければなりません．青年海外旅行問題にもう一度戻ってみましょう．例えば，政府が青年に海外旅行経費を支援することが正当だと考える人々が反対する人々より多数であり，社会的支持を確保できればこの問題は公衆アジェンダとして扱われることになります．言い換えれば，大衆の支持を得られた社会的案件になるのですね．

四番目の段階は，政策アジェンダの段階です．この段階は，一般大衆の社会的支持を受ける公衆アジェンダが観光政策アジェンダとして採択される段階です．政策アジェンダとして採択されるということは，特定の社会問題を政府が解決すべき公式的な案件として受け入れることをいいます．また例の青年海外旅行支援問題に戻ります．観光政策アジェンダの段階では，政府は青年海外旅行支援問題を解決しなければならない政策アジェンダとして把握し，その解決方案について模索することになります．もちろん，この問題が観光政策アジェンダに採択されたからといって，すぐに観光政策として実現されるわけではありません．この段階から政府は政府介入の正当性を検討し，様々な観光政策代案を樹立する次の段階に進入することになります．このように複数の段階を経て観光政策アジェンダが設定された後も，全ての観光政策アジェンダが観光政策形成に成功するわけではありません．最終的に観光政策の形成に失敗することもよくあります．政府がある問題に対して対策を用意すると発表しておきながら，実際には対策準備を先延ばしにし続けたり，ただ単になかったことになってしまう場合がこれに該当します．

3．観光政策アジェンダ設定の類型

これまで，私たちは観光政策アジェンダ設定の段階について確認しました．ここからは，観光政策アジェンダ設定の類型について整理していきます．

観光政策アジェンダ設定は，観光政策アジェンダ設定の段階で誰が主導的な役割を果たすのかを基準にその類型が区分されます（Cobb, Ross & Ross 1976）．先立って第3章で取り上げたように観光政策には，政府の他にも政党・利益集団・NGO・専門家集団・マスメディア・一般大衆等多様な非政府アクターが関与しています．この中で誰が観光政策アジェンダ設定を主導するかによって観光政策アジェンダ設定の類型が以下のように決まります．

1）外部主導モデル

まず，一つ目の類型は外部主導モデル（outside initiative model）です．このモデルは，政府以外の政策アクターが中心となり観光政策アジェンダを設定する方式をいいます．このモデルは，観光政策アジェンダ設定の段階的過程である社会問題，社会イシュー，公衆アジェンダのそれぞれの段階を順に経て観光政

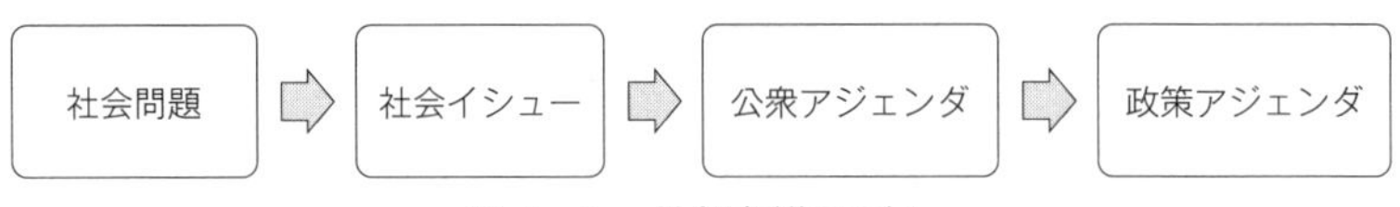

図４－３　外部主導モデル

策アジェンダ設定段階に至ります（図４－３参照）．言い換えれば，特定の社会問題について同じ認識を共有する人々が集まりその問題を社会イシューとして拡散し，大衆の支持を受ける公衆アジェンダに転換し，観光政策アジェンダとして採択するように政府が主導していく方式だといえます．

この類型では，特に社会イシューを拡散する段階が非常に重要です．社会イシューは，主にマスメディアを通して取り上げられます．言い換えれば，マスメディアが多様な政策アクターの意見を反映し，これを社会イシューに拡散する役割を担当します．しかし，全ての社会問題がマスメディアを通して社会イシューに拡散するには限界があります．したがって，マスメディアを通して社会イシュー化を推進できる能動的な行為者，すなわちファシリテーターが必要なのです．まさにそのファシリテーターが社会問題を政策アジェンダに導く主導的な行為者といえます．

このような外部主導モデルは，社会が民主化するにつれさらに活性化しており，特にソーシャルメディアを通した社会集団間のコミュニケーションが発達する中で，観光政策アジェンダ設定の主要な類型となりつつあります．

２）動員モデル

二つ目の類型は，動員モデル（mobilization model）です．このモデルは，政府内の政治執行部が中心となり観光政策アジェンダを設定する方式をいいます．政治執行部といえば，選挙を通じて選出された内閣総理大臣及び閣僚・地方公共団体の首長等をいいます．彼らは，選挙過程で選挙公約を提示し，選挙後に公職を始め，国政アジェンダや市政アジェンダ等を発表することになります．この時，発表された国政アジェンダや市政アジェンダ等が観光政策アジェンダとして設定されるのです．したがって，先ほど確認した外部主導モデルとは異

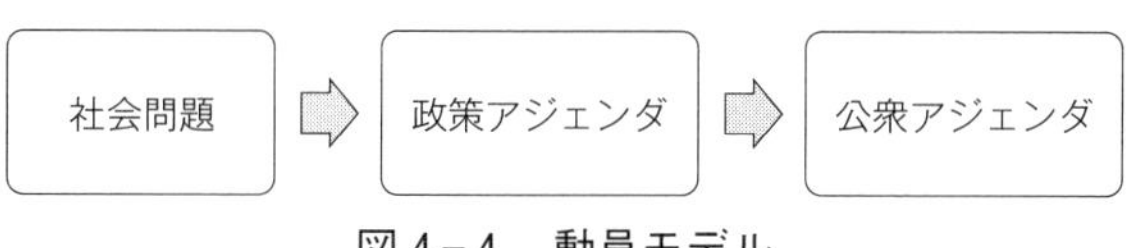

図4－4　動員モデル

なり，観光政策アジェンダ設定の過程を全て段階的に経るわけではありません．むしろ順番が変わり最終段階である観光政策アジェンダが先に設定され，その後社会的支持を確保するために公衆アジェンダの段階を経ることになります．もちろんこの類型でもその出発点は社会問題だといえますね．まとめると，動員モデルでの観光政策アジェンダ設定の段階は社会問題，観光政策アジェンダ，公衆アジェンダ段階の順に進むといえます（図4－4参照）．

このような動員モデルは，観光政策アジェンダ設定が全ての段階を順次的に経る外部主導モデルより迅速に進められるという特徴を持っています．しかし，中間段階で争点となる問題を十分に扱うことができず，また社会的支持を事前に確保したわけではないため，観光政策アジェンダ設定過程で葛藤が発生する可能性があり，むしろこのために多くの時間を要することもあります．そのため，このモデルでは事後に行われる公衆アジェンダ段階が非常に重要です．公衆アジェンダ段階では事前に設定された観光政策アジェンダについて政策広報が行われ，政策懇談会のような政策アジェンダの理解度を高めるための活動が展開されます．

3）内部アクセスモデル

三つ目の類型は，内部アクセスモデル（inside access model）です．このモデルは，政府内部の官僚集団が中心となり観光政策アジェンダを設定する方式をいいます．官僚といえば，政治執行部とは異なり国家及び地方公共団体の行政業務を担当する公務員をいいます．彼らは，職業的に政策管理者としての専門性を特徴として持っています．動員モデルで政治執行部が政治性を特徴とするのとは対照的です．そのため，社会問題を観光政策アジェンダに設定するにあたり官僚は行政的に効率性を追求するという特徴を持っています．したがって，

図４－５　内部アクセスモデル

観光政策アジェンダ設定段階において社会問題段階から観光政策アジェンダ段階に直接的に進入する場合が多いのです（図４－５参照）．

このような内部アクセスモデルは，先ほど紹介した外部主導モデルや動員モデルより観光政策アジェンダ設定の段階が簡潔であるため，迅速な社会問題対応が可能だという特徴を持っています．しかし，近年政策情報に関する公開要求が頻繁に行われ，政策過程に対する市民の参加欲求が高まるにつれ，内部アクセスモデルによる観光政策アジェンダ設定は次第に困難になっています．このような問題を補完するために，政府は観光政策ネットワークを構築し，政策参加を拡大する努力を尽くしています．

４．観光政策アジェンダ設定と限定合理性

これまで，私たちは観光政策アジェンダ設定の段階と類型について考察しました．次は，このように段階的に進められる観光政策アジェンダ設定の合理性を制約する要因について確認していきます．

１）問題の属性

観光問題が持つ問題自体の属性が観光政策アジェンダ設定に影響を与えます．問題の属性には，大きく問題が持つ社会的重要性と持続性が挙げられます．まず，社会的重要性は問題によって影響を受けたり関係する人が多い場合や特定の問題に対して多数の人々が関心を持つ程度をいいます．例えば，観光地の混雑問題は非常に重要な問題です．特に，観光地にはある特定の期間に一時的に多くの人が集まるということが起こります．桜のシーズンになると京都は大勢の人で溢れかえります．そのため，この時期になると京都では観光客の安全の

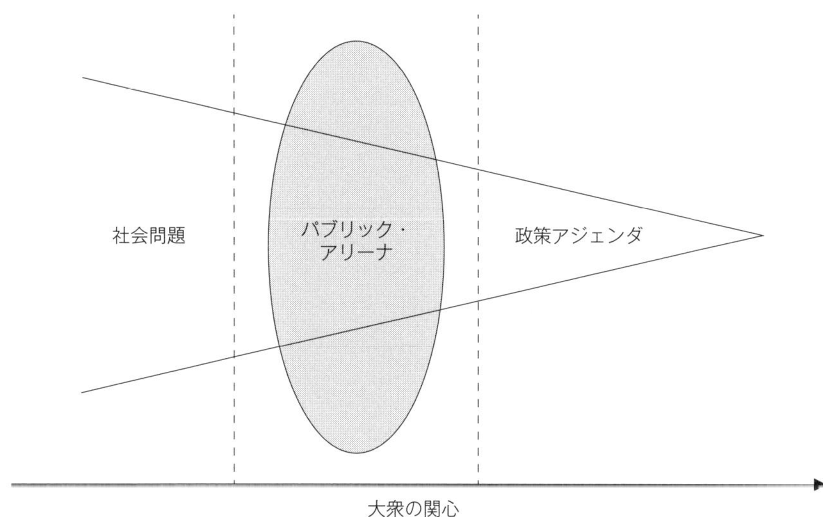

図4－6　パブリック・アリーナ・モデル

為の混雑対応問題が常に言及されます．したがって，この問題は社会的重要性を持っているといえます．よって，観光地の混雑対応問題は簡単に観光政策アジェンダに設定されるといえます．しかし，観光問題が常に他の社会問題と競争する為，その社会的重要性を維持することは容易ではありません．言い換えれば，観光地の混雑対応問題が教育・福祉・治安等他の領域の社会問題よりも相対的に重要だという認定を受けなければならないということです．

このような社会問題の重要性を説明する政策理論としてパブリック・アリーナ・モデル（public arenas model）があります（Hilgartner & Bosk 1988）．パブリック・アリーナ・モデルによれば，社会問題は一般大衆の関心を引くために互いに競争し，一般大衆の関心を引いてこそ政策アジェンダに進入できると説明します．パブリック・アリーナ・モデルでは，このような現象を説明する道具として公共広場という空間的条件を例に説明します（図4－6参照）．公共広場で大きな行事が開かれると，多くの人々がその中に進入しようとしますが，広場が持つ空間的な収容能力の限界により，全ての人々が入ることが出来なくなります．これと同じように多くの社会問題が世間の関心を集めようとしますが，収容能力の限界によって制限を受けることになります．この時，社会的関心の領域をよく示しているのがマスメディアの紙面や映像だといえます．つまり，社会問題が社会イシューに拡散する為には，マスメディアというパブリック・アリーナに進入するための相対的競争条件つまり，社会的重要性を備えなければならないということです．

次に，社会問題に対する関心の持続性です．いくら観光地の混雑対応問題を多くの人々が重要だと考えたとしても，桜シーズンが過ぎ観光客の訪問が減ると，この問題に対する社会的関心は急速に減少します．よって観光政策アジェンダ設定の段階においても社会問題段階にとどまるだけで，その次の段階に進めずに社会的関心から遠ざかってしまう場合が発生します．

このように社会的関心が時間の流れによって変化する属性を政策学では，争点と注目度のサイクルモデル（issue attention cycle model）として説明します（Downs 1972）．図４−７のように争点と注目度のサイクルモデルでは，ある社会問題が発生し人々の関心を受けてから衰退するまでの過程を大きく５段階に区分しています．一つ目の段階はイシュー潜伏段階です．社会問題について一般大衆の関心が届いていない時期です．少数の人々だけがこの問題について認識しています．二つ目の段階はイシュー発見及び表面化段階です．社会問題に対する一般大衆の関心が高まり，イシューが社会的に浮上する時期です．三つ目の段階は関心の増加及び費用認識段階です．社会問題に対する一般大衆の関心が最高潮に達する時期です．この時期は社会的関心が高まっただけに，問題対応に関する負担が認識される時期でもあります．四つ目の段階は漸進的関心減少段階です．社会問題に対する一般大衆の関心が減少し，人々が他の社会問題に関心を持ち始める時期です．社会的関心の移動時期ともいえます．五つ目の段階は関心衰退段階です．社会問題に対する一般大衆の関心がなくなり，社会問題の観光政策アジェンダ設定が消滅する時期です．したがって，政府は社会問題に対する一般大衆の関心が高まった関心の増加段階で観光政策アジェンダを設定しなければなりません．しかし，その期間はそれほど長くはありませ

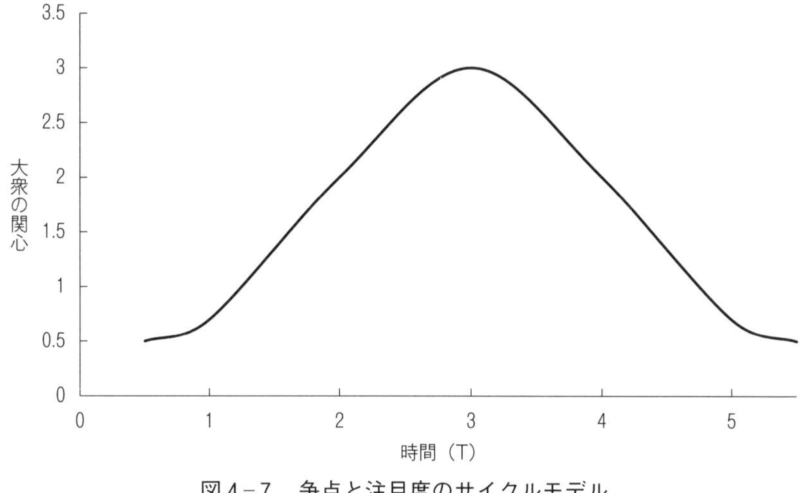

図4－7　争点と注目度のサイクルモデル

ん．なぜなら，社会には常に他の社会問題が発生するからです．

1段階：イシュー潜伏段階（pre-problem stage）
2段階：イシュー発見及び表面化段階（discovery/enthusiasm stage）
3段階：関心の増加及び費用認識段階（realization of cost stage）
4段階：漸進的関心減少段階（decline of interest stage）
5段階：関心衰退段階（post-problem stage）

2）政策担当者の態度

政策担当者の態度が観光政策アジェンダ設定に影響を与えます．政策担当者は，選挙を通じて選出された内閣総理大臣及び閣僚・地方公共団体の首長等の政治執行部とは異なり，観光政策と関連した行政業務を担当する公務員です．政策担当者は，観光政策アジェンダ設定の過程を行政業務として認識することになります．その点で社会的支持を重要視する政治執行部とは違いがあります．このような政策担当者の態度は，大きく三つの類型に区分されます(Jones 1977).

図４－８　政策担当者の態度の類型

図４－８のように，一つ目の類型は傍観的態度です．政策担当者が傍観的態度を持つようになると，観光政策アジェンダ設定が行われにくくなります．このような傍観的態度は，主に行政業務の限界から発生します．行政業務は，予算・組織・人材・制度等によって制約されるからです．観光政策が形成され実行されるためには，これを推進できる支援システムが整えられなければなりません．このような支援システムが不十分な場合，新しい観光政策アジェンダに政策担当者が積極的な態度を持つことは難しいです．一方，このような傍観的態度は政策担当者が観光問題についての理解を欠いている場合にも発生します．観光問題は，環境変化に非常に敏感です．また，多様な政策アクターが観光政策に関与することが特徴だといえます．したがって，政策担当者が環境変化と政策アクターが要求する変化を全て理解するには限界があるとしかいえません．もちろん政府内部でも政策ワークショップ・専門家セミナー等を通して新しい社会イシューに対する政策学習が行われていますが，変化する観光問題を全て理解し受け入れるには当然限界があります．

二つ目の類型は後援的態度です．政策担当者が後援的態度を持つようになると，観光政策アジェンダ設定が漸進的に行われるようになります．このような後援的態度は，観光政策アジェンダ設定の類型の中で，主に動員モデルの場合に現れます．前述したように動員モデルは政治執行部が主導的に観光政策アジェンダを設定する方式です．選挙公約・政策ビジョン等を通して提示された観光政策課題が観光政策アジェンダとして進められることになります．このように設定された観光政策アジェンダが社会的支持を獲得するために公衆アジェンダ過程を経ることになり，この過程の中で政策担当者は行政的支援業務を担当することになります．そのため，政策担当者の後援的態度は，観光政策アジェンダ設定を制約するものではなく，支援的性格を持つといえます．

三つ目の類型は主導的態度です．政策担当者が主導的態度を持つようになると，観光政策アジェンダ設定は迅速に行われます．このような主導的態度は，観光政策アジェンダ設定の類型の中で，主に内部アクセスモデルの場合に現れます．前述したように内部アクセスモデルは政府内部の官僚集団が中心となり行われます．もちろん，この場合は政策担当者が持つ行政的専門性が重要な要素として作用します．しかし，社会的支持を受ける段階が省略されたため，下手をすると民主的手順が欠如していると指摘されることもあります．よってこれを補完するための方案として専門家集団やNGO等が共に参加する委員会を構成し進行することもあります．まさに政策ネットワーク的なアプローチだといえます．もちろん政策担当者が主導的態度を持つようになれば，観光政策アジェンダ設定の類型の中で外部主導モデルの場合でも積極的な行政的支援が行われるようになります．したがって，観光政策アジェンダ設定のためには政策担当者の主導的態度が最も望ましいといえます．

3）政府の運営方式

政府の運営方式が観光政策アジェンダ設定に影響を与えます．政府の運営方式は，大きく伝統的な政府モデルとガバナンスモデル（governance model）に区分されます（図4－9参照）．

伝統的な政府モデルは，階層構造を基盤とする政府の運営方式です．階層構造では，上位職と下位職の権限が明確に区分され，監督と統制の機能が重要な役割を果たします．そのため，業務処理が効率的に行われ組織の安全性が確保されます．中央政府はもちろん，地方公共団体の運営方式も伝統的な政府モデルに基づいています．このような伝統的な政府モデルでは，観光政策アジェンダ設定は主に内部アクセスモデルの方式で行われます．そのため，社会的支持を基盤とする外部主導モデルによって観光政策アジェンダが設定されるには限界があります．言い換えれば，政府内部の判断が観光政策アジェンダ設定において重要な役割を果たしているといえます．

伝統的な政府モデル	ガバナンスモデル
・内部アクセスモデル	・外部主導モデル ・動員モデル

図4－9　政府の運営方式

次に，ガバナンスモデルは現代的な政府の運営方式です．伝統的な政府モデルは階層的な組織構造を持っていますが，ガバナンスモデルは水平的な組織構造を特徴とします．そのため，ガバナンスモデルでは官民パートナーシップが強調され，協力と協同が重要な業務価値として作用します．また，ガバナンスモデルでは公務員組織でも自律性が与えられ，コミュニケーションも円滑に行われます．したがって，ガバナンスモデルでの観光政策アジェンダ設定は主に外部主導方式で行われます．外部の政策アクターの意見が政策過程に大きく反映されるのが特徴だといえます．また，政治執行部が中心となり進められる動員モデルでも観光政策アジェンダ設定の後に公衆アジェンダの段階を経ることが非常に重要視されます．特に，デジタル技術が発達し，ソーシャルメディアの役割が大きくなるにつれ，政府モデルにおいても伝統的な政府モデルからガバナンスモデルへの転換が行われています．よって，観光政策アジェンダ設定でもより開かれた機会を持つことが期待されています．

4）制度的同型化

制度的同型化が観光政策アジェンダ設定に影響を与えます．制度的同型化は，それぞれの政府組織が持つ制度が互いに酷似していく現象をいいます（Dimaggio & Powell 1983）．言い換えれば，政府は他の政府の先進的な法律や組織形態と類似する傾向があります．このような制度的同型化は，成功した政策制度をそのまま反映することで，政策失敗の確率低下に役立ちます．しかし，逆に新しいアイデアを観光政策アジェンダに設定する際には，制度的同形化がむしろ制約要因として作用することもあります．

5．観光政策アジェンダ設定とトリガーメカニズム

観光政策アジェンダ設定の合理性を制約するもう一つの要因として，重大な事件の発生が挙げられます．これをよく説明する理論がトリガーメカニズムモデル（triggering mechanism model）です．トリガーメカニズムモデルによると，重大な事件が発生すると政策アジェンダ設定が急速に進むようになります．

トリガーメカニズムは，大きく自然的事件と人為的事件に区分されます（図4-10参照）．自然的事件には，地震・台風・猛暑・大雪等の自然災害・気候変容や環境汚染等の環境問題等が挙げられます．このような自然的事件の発生は，観光地の安全管理・観光危機管理と関連した観光政策アジェンダが急速に設定される契機になります．

人為的事件には，戦争・テロ・経済危機・伝染病・メガイベント等が含まれます．特に，オリンピックやワールドカップのようなスポーツメガイベント・エキスポのような産業メガイベントなどは，観光振興と関連した観光政策アジェンダ設定を触発する重要なメカニズムとして作用します．

この章では，観光政策過程について全般的に学び，観光政策過程の第一段階である観光政策アジェンダ設定について考察しました．次の第5章では，観光政策過程の第二段階である観光政策決定について説明していきます．

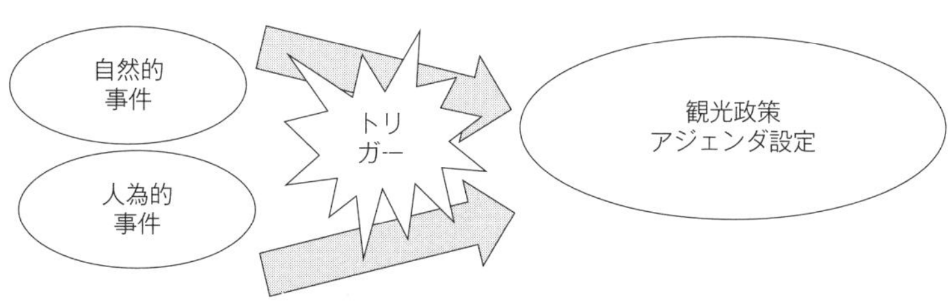

図4-10　トリガーメカニズム

📖参考文献

Anderson, J. (2006) *Public Policy Making* (6 th ed.), Houghton Mifflin.

Cobb, R. & Elder, C. (1972) *Participation in American Politics : The Dynamics of Agenda Building*, The Jones Hopkins University Press.

Cobb, R., Ross, J., Ross, M. (1976) Agenda Building as a Comparative Political Process. *American Political Science Review*, 70 (1) : 126–138.

DiMaggio, P. & Powell, W. (1983) The Iron Cage Revisited : Institutional Isomorphism and Collective Rationality in Organizational Fields. *American Sociological Review*, 48 : 147–160.

Downs, A. (1972) Up and Down with the Ecology-the Issue Attention Cycle. *The Public Interest*, 28, 38–50.

Dunn, W. (2008) *Public Policy Analysis : An Introduction*, Prentice-Hall.

Dye, T. (2008) *Understanding Public Policies*, Prentice Hall.

Hilgartner, S. & Bosk, C. (1988) The Rise and Fall of Social Problems : A Public Arenas Model. *American Journal of Sociology*, 94 (1) : 53–78.

Jones, C. (1977) *An Introduction to the Study of Public Policy*, Brooks / Cole Publishing Co.

Lasswell, H. (1956) *The Decision Process : Seven Categories of Functional Analysis*, University Maryland Press.

Lasswell, H. (1971) *A Pre-view of Policy Science*, American Elsevier.

Ripley, R. & Franklin, G. (1986) *Policy Implementation and Bureaucracy* (2 nd ed.), Dorsey Press.

李連澤（2020）『観光政策学（第 2 版）』白山出版社.

松田憲忠・岡田浩（2018）『よくわかる政治過程論』ミネルヴァ書房.

宮川公男（2007）『政策科学入門（第 2 版）』東洋経済新報社.

第5章　観光政策決定

この章では，観光政策過程の第二段階である観光政策決定について考察します．主な内容として，観光政策決定の概念・観光政策決定の段階を検討し，続いて観光政策決定と限定合理性・観光政策決定と政策の窓モデルについて説明します．

1．観光政策決定の概念

私たちは，第4章で観光政策過程を観光政策が形成及び実行される一連の段階と定義しました．そしてその第一段階は，観光政策アジェンダ設定段階であり，これを特定の社会問題を観光政策アジェンダとして採択する政府の活動と規定しました．

続いて第二段階は，観光政策決定段階です．この段階は，観光政策アジェンダ設定段階を経て採択された観光政策問題を解決するための具体的な方案を講じる過程です．この段階までを経ることになれば，観光政策が形成されたといえます．

それでは，観光政策決定とは果たして何でしょうか．

まず，個人的な意思決定の次元から考えてみましょう．私たちは，海外旅行計画を立てる時それぞれ各自が自分なりの意思決定を行います．まず休暇期間中，他の趣味活動よりも海外旅行に行きたいという欲求があるのか，そして海外旅行が本当に必要なのかを確認します．その次の段階として海外旅行に行くなら，いつ，そしてどこへ行くのか，誰と一緒に行くのか，費用はどれくらい準備すべきなのかなどを考えなければなりません．そして海外旅行地で行いたい活動を決めなければなりません．文化探訪をしたい場合は，具体的な活動として美術館訪問・街歩き・文化商品のショッピングなどを計画することができます．これらの詳細な事項を検討しながら，最終的に海外旅行計画を立てることになります．言い換えれば，海外旅行計画の樹立がまさに個人的次元の意思決定だといえます．

観光政策決定は，このような個人的次元での意思決定過程に似ています．例えば，個人的次元で海外旅行に対する欲求と必要性を確認する過程は，観光政策アジェンダ設定段階と同じだといえます．また，海外旅行に行って実際に行いたい活動を検討し，これを一連の旅行計画として決定する過程はまさに観光政策決定段階と同じです．もちろん，観光政策決定は個人的次元ではなく，政府という組織的次元の活動だという点で明らかに違いがあります（李連澤 2021）.

まとめると，観光政策決定（tourism policy making）は観光政策問題を解決するために最善の観光政策代案を選択する政府の活動と定義されます．

2．観光政策決定の段階

観光政策決定の段階は，大きく四つの段階で構成されます．これを概略的に示すと，図５−１のようになります（李連澤 2020).

1）政策問題の定義

まず，観光政策決定過程の第一段階である観光政策問題の定義について説明していきます．観光政策問題の定義段階は，観光政策決定の出発点です．問題を明確に定義づけてこそ，正しい観光政策決定が行われます．

政策問題を定義するためには，様々な政策分析技法が適用されます．主な技法としては，境界分析・分類分析・階層分析が挙げられます（Dunn 1981)．まず境界分析は，問題の範囲を具体化する技法です．そのため，範囲設定技法と

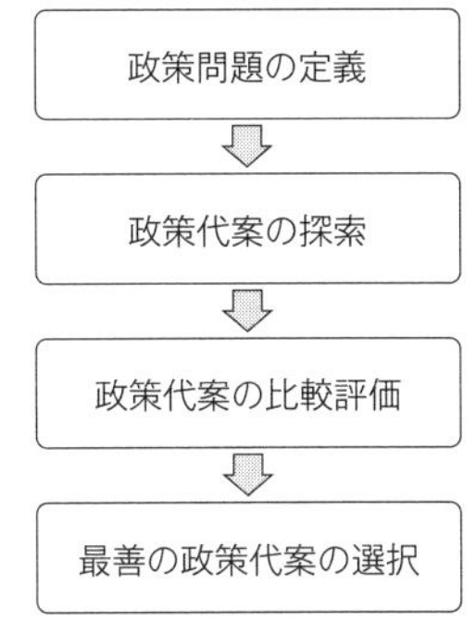

図５−１　観光政策決定の段階

も呼ばれます．問題の範囲は，空間的範囲・時間的範囲・内容的範囲の大きく三つの範囲において具体化されます．

次に分類分析は，問題の抽象性を具体性に転換する技法です．問題の内容を部分的に分解し，これを再び結合する過程を経ることになります．この過程で必ず求められる基準があります．分類のためには，部分問題間の境界が明確でなければなりません．これを，相互排他性の原則といいます．また，部門問題を結合する際には，問題内容が全て含まれていなければなりません．これを，包括性の原則といいます．そして，このような相互排他性と包括性を基準に問題の内容に対する具体化作業が行われます．

最後に階層分析は，問題を原因と結果の因果関係に転換し構造化する技法です．問題の原因を明らかにし，可視的に構造化する作業を階層化といいます．このような分析技法は別々に適用される場合もありますが，実際に観光政策問題を分析する際は，図５−２のように境界分析—分類分析—階層分析の順で段階的に適用されます．言い換えれば，境界分析がまず最初に行われ，その次に分類分析が行われ，そして最後に階層分析を経て観光政策問題分析が完成するのです．

観光政策問題の分析技法について理解を深めるために，仮の事例を挙げてみましょう．最近，Ａという地方都市は他の地方都市と同様に地域経済の衰退問

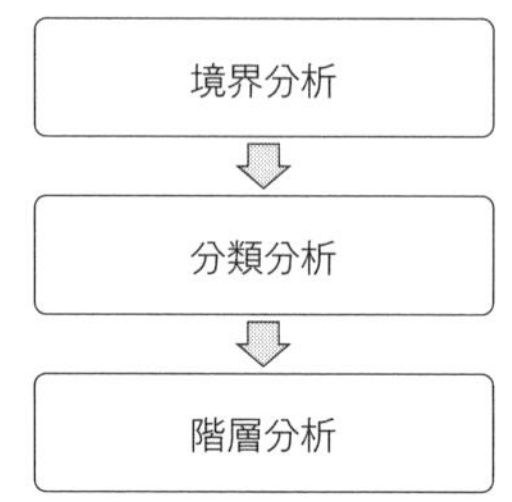

図５－２　観光政策問題の分析技法

題で苦しんでいます．A地方都市は，伝統的に温泉が有名な地域として知られていましたが，市場の需要が変化し観光客数が何年も減少しています．これを解決するための目的で，近年は外国人観光客の誘致拡大に向けた政策を推進していますが，むしろ外国人観光客数が減少しています．これに伴い，A地方都市は新しい方策を樹立するための作業として観光政策問題を分析することで問題を明確に規定しようとしています．

では，A地方都市の観光政策問題について分析技法を順番に適用してみましょう．まず，一番目の段階は境界分析の適用です．観光政策問題の空間的・時間的・内容的範囲を定めることです．空間的範囲は，A地方都市の温泉地域だけに限定するのではなく，A地方都市の全地域と規定します．時間的範囲は，外国人観光客数の減少現象が現れ始めた最近５年間に限定します．内容的範囲は，外国人観光客数の減少と規定します．日本人観光客ではなく外国人観光客として観光需要市場を明確に規定し，外国人観光客数の減少として内容的範囲を具体化します．まとめると，A地方都市の観光政策問題は，最近５年間，A地方都市を訪問した外国人観光客数の減少現象と規定されます．そしてこれを圧縮し基本問題を外国人観光客誘致の失敗と提示することができます．

二番目の段階は，分類分析の適用です．A地方都市の観光政策問題を内容的に分類してみると大きく三つの部分問題に区分することができます．一つ目に，地域観光イメージ形成の不十分問題が挙げられます．二つ目に，祭りや地域芸術資源など地域観光魅力要素の不足問題が挙げられます．三つ目に，交通や宿

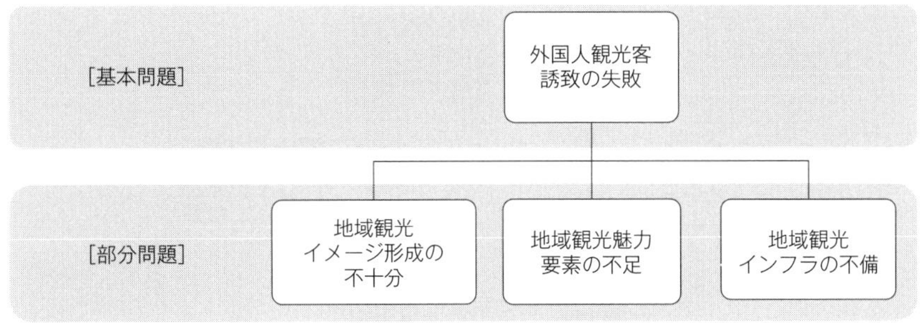

図５－３　Ａ地方都市の観光政策問題の階層化

泊など地域観光インフラの不備の問題が挙げられます．もちろん，このような問題の分類は仮想の分析事例です．

三番目の段階は，階層分析の適用です．先ほど分類分析で提示されたそれぞれの部分問題は事実上，境界分析で提示された基本問題と因果関係を持っています．言い換えると地域観光イメージ形成の不十分・地域観光魅力要素の不足・地域観光インフラの不備は，基本問題である外国人観光客誘致の失敗を説明する原因変数だといえます．これらを因果関係に結びつけて構造化する作業を階層化といいます．その結果は，図５－３のとおりです．基本問題と部分問題が因果関係を成し，これらが階層構造で可視的に表現されています．

２）政策代案の探索

第二段階である観光政策代案の探索は，第一段階である観光政策問題の定義に基づいて行われます．前述したとおり，Ａ地方都市では基本問題として外国人観光客誘致の失敗という問題が提示されました．また部分問題として地域観光イメージ形成の不十分・地域観光魅力要素の不足・地域観光インフラの不備の問題を抱えていると分析されました．ではここからは，このような観光政策の問題を解決する観光政策代案を模索しなければなりません．

第１章でも少し説明しましたが，観光政策代案は政策目標と政策手段で構成された一つの組み合わせです．観光政策代案を提示するためには，一次的に政

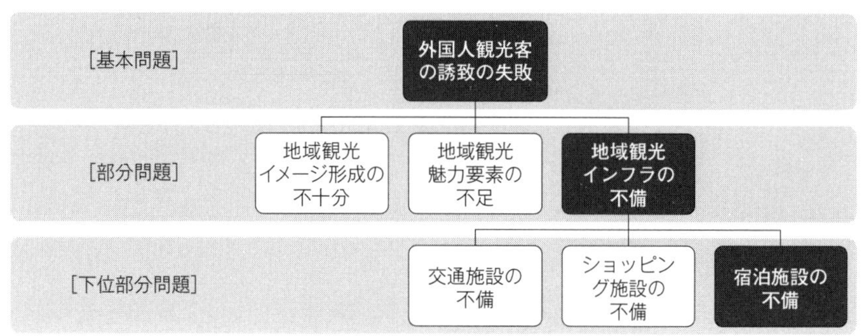

図5－4　A地方都市の観光政策問題の再階層化

策目標を設定し，二次的にこれを実現する政策手段を構成する順序を踏みます(Anderson 2006)．一次的に政策目標を設定するためには，A地方都市の観光政策問題の中で最も急がれる核心的な部分問題を導き出さなければなりません．なぜなら，全ての問題を一度に解決するということは現実的に難しく合理的でもないからです．部分問題を導き出すためには，市場調査や専門家調査などの調査技法が主に活用されます．ここでは，A地方都市の部分問題として地域観光インフラの不備が導き出されたと仮定します．

そして階層化作業をもう一度試み，図5－4に示すように地域観光インフラの中で宿泊施設の不備が最も優先的に解決しなければならない核心的な下位部分問題として導き出されたと仮定してみます．

このような問題分析の結果に基づいて宿泊施設の不備問題の解決に必要な観光政策代案を提示するために，国際的水準の宿泊施設の拡充を政策目標として設定することができます．

この段階で考慮すべき重要な基準は妥当性です．つまり，問題解決に適した政策目標を設定しなければなりません．次に設定された政策目標を実現するための政策手段を構成し，観光政策代案を提示しなければなりません．ここで私たちは，政策手段としてホテル施設の拡充・民泊施設の拡充・ホテル施設と民泊施設の拡充を提案してみます．

このような過程を，観光政策代案の探索過程といいます．その結果，表5－

区分	観光政策代案　1	観光政策代案　2	観光政策代案　3
政策目標	国際的水準の宿泊施設の拡充		
政策手段	ホテル施設の拡充	民泊施設の拡充	ホテル施設と民泊施設の拡充

表5－1　観光政策代案の開発

1に示すように3種類の観光政策代案を仮想的に構想することができます.

3）政策代案の比較評価

第三段階である観光政策代案の比較評価は，提案された観光政策代案を比較評価する段階です．比較評価のためには，望ましさ（desirability）と実現可能性（feasibility）が基準となります（Dunn 2008).

望ましさは，観光政策代案が実現された際に予測される政策結果を比較評価する基準をいいます．代表的な基準には，有効性・能率性・公平性などが挙げられます.

そして実現可能性は，観光政策代案を実現するための現実的条件を比較評価する基準をいいます．代表的な例には，経済的実現可能性を把握するための経済的フィージビリティ分析（economic feasibility analysis)，環境的実現可能性を把握するための環境影響評価（environmental impact assessment）などが挙げられます．この中で経済的フィージビリティ分析は，事業規模が大きい施設投資事業では必ず経なければならない手順です．経済的フィージビリティ分析では，投資事業で予想される費用と便益を比較して収益率を確保できるかどうかを判断します.

以下では，望ましさを判断する代表的な基準である有効性を基準に，提案された観光政策案を比較評価してみます．このためには，各観光政策代案を対象に予想される計量的な結果を測定する過程が必要です．これを結果予測といいます．その結果は，表5－2のようになります.

予測された結果を確認してみると，政策代案1（民間投資型）では1,500室の

区分	観光政策代案 1	観光政策代案 2	観光政策代案 3
類型	民間投資型	地域事業支援型	折衷型
政策目標	国際的水準の宿泊施設の拡充		
政策手段	ホテル施設の拡充	民泊施設の拡充	ホテル施設と民泊施設の拡充
結果予測	ホテル1,500室, 1日総収容人数 3,000人	民泊500室, 1日総収容人数 2,000人	ホテル1,000室＋ 民泊300室, 1日総収容人数 3,200人

表5－2　観光政策代案の比較評価

ホテル客室が拡充され，1日総収容人数が3,000人まで拡大されます．政策代案2（地域事業支援型）では500室の民泊客室が拡充され，1日総収容人数が2,000人に拡大されます．政策代案3（折衷型）では1,000室のホテル客室と300室の民泊客室が拡充され，1日総収容人数が3,200人に拡大されます．

有効性を基準に確認してみると，ホテル施設においては政策代案1（民間投資型）の結果が最も適しており，民泊施設においては政策代案2（地域事業支援型）の結果が最も適しています．しかし，1日総収容人数を基準にすると，政策代案3（折衷型）が最も適しているといえます．

4）最善の政策代案の選択

最後の第四段階は，最善の政策代案を選択する段階です．この段階を経て，ついに観光政策決定過程が完成します．みなさんが政策決定者なら，どの観光政策代案を選択しますか．

実現可能性の基準を適用し総合的に比較してみると，観光政策代案1（民間投資型）は，民間部門からの投資を誘致してホテルを開発する事業です．この場合，新規ホテル開発に関連して要求される土地利用に関する法律的制約要因を解決し，既存の宿泊事業者との協議などが必要です．

一方，観光政策代案2（地域事業支援型）は，地域民泊事業者を対象に施設投

資支援が行われなければいけない事業です．この場合，民泊施設改善のための財政的支援が必要であり，地方議会の同意などが必要です．

観光政策代案3（折衷型）は，民間投資型と地域事業支援型の折衷型です．高い水準の目標達成が期待される観光政策代案です．しかし，この場合には民間投資を誘致すると同時に地域民泊事業者を支援しなければならない業務が与えられ，行政的負担が発生することがあります．

政策決定者は，この中でどのような観光政策代案が適切かを選択しなければなりません．もちろん正解があるわけではありません．

そのため政策決定者は，諮問委員会の設置・住民意識調査・住民投票など手続きにおいて合理性を備えるための様々な方法を活用します．このような過程と手順を経て，政策決定者はついに最善の観光政策代案を選択することになります．

3．観光政策決定と限定合理性

これまで，私たちは観光政策決定のための段階的過程について考察しました．次は，このように段階的に進められる観光政策決定の合理性を制約する要因について確認していきます．

1）政策決定者の認知能力の限界

政策決定者の認知能力の限界が観光政策決定に影響を与えます．行動経済学で示されるように人間は常に合理的ではありません．政策決定者も同様です．いくつか行動経済学を適用した例を挙げてみます．政策決定者は，政策選択から発生する利益よりも損失をより大きく感じる傾向があります．これを行動経済学では，損失回避性（loss aversion）といいます．このような損失を恐れる損失回避性が，政策決定者の合理的な政策決定を制約します．また，政策決定者は既存に推進してきた政策に対してより愛着を持ち，高い価値を付与する傾向があります．これを，保有効果（endowment effect）といいます．このように既存の慣行を維持しようとする保有効果が，政策決定者の合理的な政策決定を制約します．最後に，政策決定者が政策選択において特定の観点を持つことがあります．これを，フレーミング効果（framing effect）といいます．特定の観点を維持する傾向を説明しているフレーミング効果は政策決定者が非合理的な判断を下すようになる理由をよく説明しています．

2）非政府アクターの圧力

非政府アクターの圧力が観光政策決定に影響を与えます．非政府アクターは，政策アジェンダ設定を主導的に導く外部促進者の役割を果たすだけでなく，政策代案を選択する政策決定過程でも影響力を発揮します．この過程で非政府アクターは，単に自分たちの意見が政策選択に反映されることを期待する消極的な形態ではなく，デモ・籠城・ストライキなど積極的な形態の政策関与活動を見せることがあります（Bentley 1967）．したがって，政策決定過程では様々な非政府アクターの意見を受け入れ，協力的な意思決定が行われるように政策ネットワークを構成が必要であるといえます．

3）危機的状況

危機的状況が観光政策決定に影響を与えます．地震や台風などの自然災害・国際伝染病の拡散・景気後退などの危機的な状況では，合理的な政策決定が制約されます（Rosenthal 1986）．このような危機的状況では，事前に制定された危機管理マニュアルによって政策決定が自動的に行われます．しかし，これらの事前マニュアルが制定されていない状況では，危機対応のために一時しのぎの対策で政策決定が行われることがあります．一般的に観光危機は，直ちに被害が発生する一次的な災害よりも，災害後に時差を置いて二次的に発生する社会的災害の性格を帯びる場合が多いです．そしてこの場合には，社会イシューの拡散程度によって政策決定が大きく影響を受けるようになります（Birkland 2006）．

4．観光政策決定と政策の窓モデル

これまで，私たちは観光政策決定について学び，観光政策決定の合理性を制約する要因について確認しました．前述したように，政策決定者の認知能力の限界・非政府アクターの圧力・危機的状況によって観光政策決定は現実的に制約されることがあります．

このような状況での政策決定過程を説明する理論として政策の窓モデル（policy stream model）が挙げられます（Kingdon 1995）．政策の窓モデルでは，政策決定過程に三つの流れが存在すると見ています．ここで流れ（stream）という用語は，政策決定過程に参加する政策アクターの集団的活動を象徴的に表現する修飾語です．そして政策決定を政策の窓が開く瞬間として描写しています．

図５−５に示すように，一つ目の流れは問題の流れです．問題の流れは，社

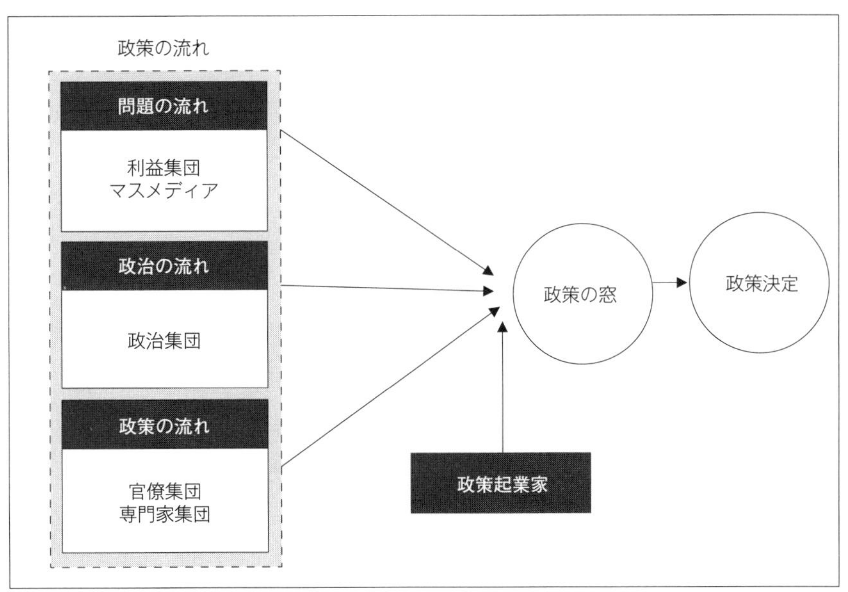

図５−５　政策の窓モデル

会問題を提起する利益集団・マスメディアなどによって形成されます．これらは，社会問題に対する意見を拡散し，急激な環境変化や危機的状況などの問題の流れを活用し，政策の窓を開くための試みを行います．

二つ目の流れは政治の流れです．政治の流れは，社会問題を政治的な利害関係から眺める政治集団によって形成されます．この流れでは，首長・閣僚・議員などが主導的な役割を担います．これらは，政権交代や世論の変化などのような政治の流れを活用し，政策の窓を開くための試みを行います．

三つ目の流れは政策の流れです．政策の流れは，社会問題を解決するために政策代案を提案する官僚集団又は専門家集団によって形成されます．この流れでは，担当公務員・研究員・学者などが主導的な役割を担います．これらは，公聴会・政策フォーラムなどの開催を通して政策の流れを作り，これを活用して政策の窓を開くための試みを行います．

上記のようにこれら三つの流れは，互いに独立した経路に沿って進行します．そうするうちに，ある瞬間互いに合流し政策の窓が開かれるようになります．政策の窓は，政策決定が行われる瞬間的な時期をいいます．このような政策の窓は比較的短い期間開かれるため，政策決定が行われる機会は長く続きません．一度機会を逃すと，次の政策の窓が開くまで長い時間を待たなければなりません（宮川 2007）．

このような合流過程では，特に政策起業家（policy entrepreneur）が大きな役割を担います（石橋・佐野・土山・南島 2018；松田・岡田 2018）．政策起業家は，政策の流れの合流を生み出す人を意味します．政策起業家は，主に政府アクター又は非政府アクターを代表する個人行為者として，それぞれの流れが互いに合流しながら政策の窓が開かれる際に，主導的な役割を果たします（李連澤 2020）．

観光政策決定は常に合理的に行われるわけではありません．特に，多様な政策アクターが活動する混雑した状況では，観光政策決定の合理性が制約されることがあります．そのような意味で，政策の窓モデルは非合理的な政策決定過程を見せる非常に現実的なモデルだといえます．

この章では，観光政策過程の第二段階である観光政策決定について考察しました．次の第6章では，観光政策過程の第三段階である観光政策執行について説明していきます．

参考文献

Anderson, J. (2006) *Public Policy Making* (6 th ed.), Houghton Mifflin.

Bentley, A. (1967) *The Process of Government*, Harvard University Press.

Birkland, T. (2006) *Lessons of Disaster : Policy Change After Catastrophic Events*, Georgetown University Press.

Dunn, W. (1981) *Public Policy Analysis : An Introduction*, Prentice-Hall.

Dunn, W. (2008) *Public Policy Analysis : An Introduction* (4 th ed.), Prentice-Hall.

Kingdon, J. (1995) *Agendas, Alternatives, and Public Policies* (2 nd ed.), Wesley Longman.

Rosenthal, U. (1986) Crisis Decision Making in the Netherlands. *Netherlands Journal of Sociology*, 22 (3) : 103–129.

李連澤（2020）『観光政策学（第2版）』白山出版社.

李連澤（2021）『観光学（第2版）』白山出版社.

石橋章市朗・佐野亘・土山希美枝・南島和久（2018）『公共政策学』ミネルヴァ書房.

松田憲忠・岡田浩（2018）『よくわかる政治過程論』ミネルヴァ書房.

宮川公男（2007）『政策科学入門（第2版）』東洋経済新報社.

第6章　観光政策執行

この章では，観光政策過程の第三段階である観光政策執行について考察します．主な内容として，観光政策執行の概念と段階・観光政策執アクターと執行関係の類型・観光政策執行の政策順応と不順応を検討し，続いて観光政策執行と限定合理性・観光政策執行と政策 PR について説明します．

1．観光政策執行の概念と段階

私たちは，第5章の観光政策決定段階で観光問題を解決するために提示された様々な代案の中から，一つの観光政策代案が複数の段階を経て観光政策に決定される過程を見てきました．しかし，観光問題は観光政策決定過程を経るだけですぐに解決されるわけではありません．

政策問題を解決するためには，決定された政策代案が行政的に現実化されなければなりません（秋吉・伊藤・北山 2017；村上・佐藤 2016）．そういう意味で観光政策執行を，観光政策代案と現実世界の問題を繋ぐ連結の輪と称したりもします．つまり，観光政策執行（tourism policy implementation）は，決定された観光政策代案を実現する政府の活動と定義されます．

ここで一つ，活動主体である政府に関して注意すべき点があります．一般的に私たちは，政策過程を進行する主体を政府として規定しています．しかし，政策過程の段階別に活動主体を厳密に見てみると，観光政策決定段階では，政府内の観光政策決定者が政策決定過程を進めています．そして観光政策執行段

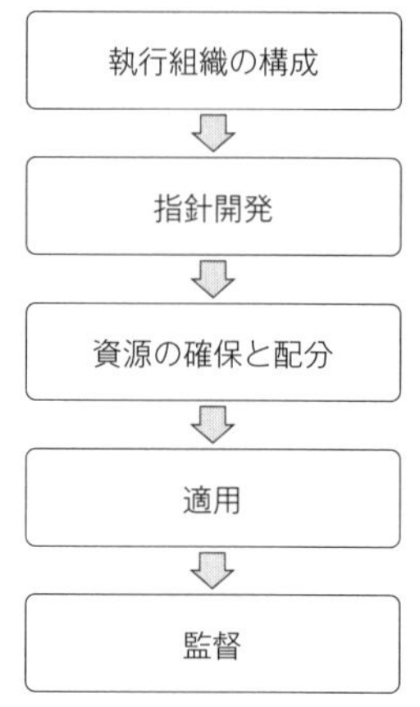

図6－1　観光政策執行の段階

階では，政府内の観光政策執行者が政策執行過程を進めていることが分かります．

図6－1に示すように，観光政策執行段階は大きく五つの段階で構成されます（李連澤 2020）．

一番目の段階は，執行組織の構成段階です．観光政策決定者から執行権を付与された観光政策執行者は，政策執行を成功させるために執行組織を優先的に構成しなければなりません（Jones 1984）．執行組織構成のためには，執行方式の選択が必要です．執行方式には，大きく直接執行方式・委任方式・委託方式などがあります．この中で直接執行方式は，観光政策執行者が政策執行を直接遂行する執行形態をいいます．これとは異なり委任方式は，観光政策執行者が下級行政機関や地方自治体に権限の一部あるいは全部を任せて政策執行を遂行する執行形態をいいます．一方委託方式は，観光政策執行者が下級行政機関や地方自治体ではなく，民間部門の個人や法人に権限の一部あるいは全部を任せて政策執行を行う執行形態をいいます．観光政策執行者は，政策内容との適合性を基準に，この中の一つの執行方式を選択し執行組織を構成することになります．

二番目の段階は，運営指針の開発段階です．観光政策執行者は，執行組織の業務遂行に必要な具体的な運営指針を作成しなければなりません．運営指針は，別の言葉で表現すると標準作業手順書（standard operating procedures）と呼ばれます．運営指針は法律的制度ではありませんが，執行組織の業務遂行を指導する一種の規則あるいは規範として適用されます（Rein & Rabinovitz 1978）．特に執行組織の構成が複雑な場合は，明瞭で具体的な運営指針の開発が非常に重要です．しかし，運営指針が過度に具体的な場合には，執行組織の活動を制約する副作用が発生することがあります．

三番目の段階は，資源の確保と配分の段階です．政策執行のための資源には，予算・人材・情報などが含まれます．これらの資源を，政策手段の類型では実行的政策手段といいます．様々な資源の中で最も重要な資源は，やはり予算です．観光政策執行者は，大きく公的予算を確保したり民間投資を動員する方式で予算を確保することになります．このように確保された予算は，構成された執行組織を通して配分されることになります．各段階の執行組織は，運営指針に従って計画された予算の配分を受けたり，成果主義に基づいて競争的に予算の配分を受けることになります．

四番目の段階は，適用の段階です．この段階は，政策執行に必要な組織が構成されたり，資源が確保され，実際に観光政策代案が実行される段階です．この段階では，執行組織で実務を進める担当公務員の役割が非常に重要です．この段階では，政策執行によって直接・間接的に影響を受ける政策対象集団の反応が現れるからです．そのため適用段階では，担当公務員の政策力量が政策実行の成功可否を決定する重要な基準になります（Jones 1984）．また，この段階では政策対象集団が実際に政策執行の結果を認知するようになり，政策を支持する人々と反対する人々の反応が実体化するようになります．そのため，適用の段階を真実の瞬間（Moment of Truth）ともいいます．

五番目の段階は，監督の段階です．監督は，政策執行が運営指針に沿って適切に履行されているかを確認し指導する活動です．したがって，政策執行以後に設定された目標の達成程度を判断する政策評価とは性格が異なります．このような監督は，観光政策決定者あるいは観光政策執行者によって行われます．

観光政策決定者は執行過程を全般的に監督し，観光政策執行者は政策執行の各段階に関与する執行組織を対象に監督業務を遂行します（Rein & Rabinovitz 1978）．この時，監督業務を誰が担当するかを決める判断は，観光政策決定者と観光政策執行者間の権力関係によって変わります．

2．観光政策執行アクターと執行関係の類型

1）観光政策執行アクター

観光政策執行アクターは，執行過程で活動する政策執行者・中間媒介集団・政策対象集団で構成されます（Nakamura & Smallwood 1980）．前述したように，政策執行アクターの構成は政策決定者から始まります．政策決定者が執行権を政策執行者に付与し，政策執行者は執行組織を構成します．ここで，執行組織は中間媒介集団を意味します．そして政策執行の最後のアクターとして政策対象集団があります．図６－２に示すように，観光政策執行アクターは政策執行過程で段階的に連結し活動を行います．

一つ目の政策執行アクターである観光政策執行者は，前述したように政策決定者から執行権を付与された行為者をいいます．政策決定者と政策執行者は相対的な概念であり，観点によって多様な区分が行われます．まず政治システム的観点から見ると，議会が政策決定者であり，行政府は政策執行者です．また政府の階層構造的観点から見ると，中央行政機関が政策決定者になり，下級行政機関や地方自治体が政策執行者になります．行政分権的観点から見ると，地方自治体が政策決定者になり，下級地方行政機関が政策執行者になります．

二つ目の政策執行アクターである中間媒介集団は，観光政策執行者から委任あるいは委託を受けて政策を執行する行為者をいいます．まず委任の場合は，中央政府が執行決定者となり，下級行政機関や地方自治体が中間媒介集団になります．下級行政機関には，内閣の委員会や庁，又は公営企業が該当します．ちなみに，ここで上級行政機関あるいは下級行政機関と称するのは，政府組織の権限範囲に応じて組織を区別する方法であって，組織の階級をいうわけでは

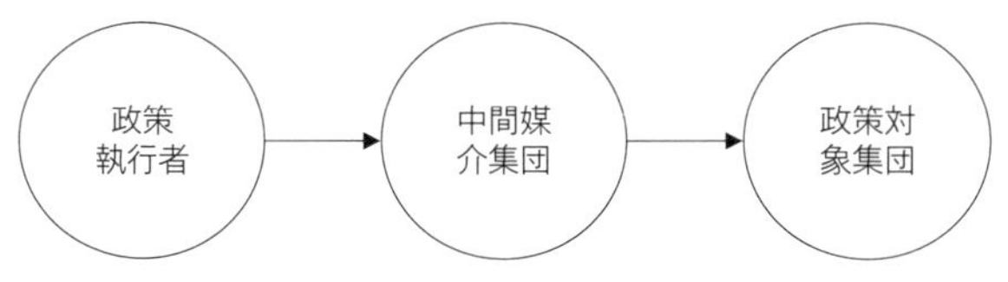

図６－２　観光政策執行アクター

ありません．次に委託の場合は，中間媒介集団として民間部門の協会や市民団体がその役割を担います．特に官民協力が必要な政策の場合には，民間部門の協会や市民団体がより効果的な中間媒介集団の役割を担うようになります．一般的に政策執行過程で中間媒介集団の数が増えれば政策執行が失敗する可能性がその分増加するといわれています．その理由は組織間の連携点が多くなり，政策不順応のような拒否点が増加する可能性が高くなるからです．そのため政策執行を成功させるためには中間媒介集団，すなわち執行組織の適正な構成が非常に重要だといえます．

三つ目の政策執行アクターである政策対象集団は，政策適用の対象となる行為者をいいます．観光政策の政策対象集団としては観光者・観光事業者・地域住民などといった社会集団が挙げられます．政策の属性を基準に政策対象集団の類型を見てみると，配分政策は政策対象集団の活動を促進させる政策として観光事業者が政策対象集団となります．また，規制政策は政策対象集団の活動を制約する政策として配分政策と同様に観光事業者が政策対象集団となります．再分配政策は，政策対象集団の活動を支援する政策としてソーシャルツーリズムの次元で観光者又は地域住民が政策対象集団になります．このように政策の属性によって政策対象集団はそれぞれ異なり設定されます．

２）執行関係の類型

執行関係は，政策執行過程で形成される観光政策決定者と観光政策執行者間の関係をいいます．このような執行関係は，権力によって影響を受けます．言い換えれば，政策決定者が政策執行者にどれだけ多くの執行権を付与するかによって執行関係の類型が異なります．図６－３に示したように，大きく古典的

図６－３　執行関係の類型

テクノクラシー型・交渉型・官僚的起業家型の三つの類型が挙げられます（Nakamura & Smallwood 1980）．

一つ目の類型は，古典的テクノクラシー型です．この類型は，政策執行過程で政策決定者が執行権を保有し，政策執行者が最小限の裁量権を持つ形態です．執行権（executive power）は，政策アクターが政策過程で政策を強制的に執行できる法律的権限を意味し，裁量権（discretionary power）は，政策行為者が一定の範囲内において自由裁量で行為できる権限を意味します．したがって，執行権と裁量権は反比例します．執行権が大きければ裁量権が小さくなり，執行権が小さければ裁量権が大きくなるといえます．古典的テクノクラシー型は，政策執行過程で政策内容の執行が厳格に進行されるという長所を持つ反面，政策執行過程が過度に硬直しかねないという短所があります．この類型は，環境規制や営業規制のような政策対象集団の行為を制約する規制政策の執行に主に適用されます．

二つ目の類型は，交渉型です．この類型は，政策執行過程で政策決定者と政策執行者が相互協議を通して政策を執行する形態です．したがって，政策執行過程で執行権と裁量権が調和している状態だといえます．この類型が適用されるためには，前提条件があります．何よりも政策決定者と政策執行者が政策内容についての十分な知識と相互信頼を持っていなければなりません．そうしてこそ，協議過程で意見の一致が容易になります．次に，両者間で政策執行の成果及び失敗に対する責任範囲が明確に協議されなければなりません．権限に対する合意と同じくらい重要なのが責任範囲に対する合意だといえます．交渉型は，政策執行過程で現れる執行条件の変化に対して柔軟に対応できるという長所がある反面，政策失敗の状況での責任の所在を明確に究明するのが難しいという短所があります．この類型は，配分政策や再分配政策のように，政策執行過程で政策対象集団との持続的な意思疎通が必要な場合に主に適用されます．

三つ目の類型は，官僚的起業家型です．この類型は，政策執行過程で政策執行者に多くの裁量権が付与される形態です．政策執行者が政策内容についての専門性を十分に持ち，政策対象集団に対する理解度が高い場合に主に適用されます．そのため，この類型は民間部門の協会や市民団体などが政策媒介集団として活動する委託形態の執行組織によく見られます．官僚的起業家型は，政策執行過程で政策対象集団の支持を確保しやすいという長所がある反面，政策失敗の場合，交渉型と同様に責任の所在が不明瞭であるという短所があります．この類型は，政策執行過程で政策対象集団の関与度が高い配分政策の執行に主に適用されます．

3．観光政策執行の政策順応と不順応

観光政策執行過程で観光政策執行アクターは，政策執行者・政策媒介集団・政策対象集団を総括する用語です．観光政策執行アクターは，政策執行過程で観光政策決定者の指示と監督を受けて活動を行います．この過程で，それぞれの観光政策執行アクターが観光政策決定者の意図と政策内容を支持し追従する行為を，政策順応（policy compliance）といいます．そして，その反対の場合を政策不順応（policy non-compliance）といいます．このような政策不順応は，執行遅延・政策内容の故意的変更・形式的な順応・不執行などの形で現れます（Hogwood & Gunn 1984）．

政策不順応が発生する理由としては，大きく五つの原因が提示されています（Coombs 1981）．一つ目に，不明確な意思伝達が挙げられます．政策内容が政策執行アクターに明確に伝わらない場合，政策不順応が発生する可能性があります．そして，政策執行アクターが政策決定者の意図を誤って理解した場合にも，政策不順応が発生する可能性があります．二つ目に，資源の不足が挙げられます．政策執行に必要な予算・人材・情報・権限などが十分に支援されない

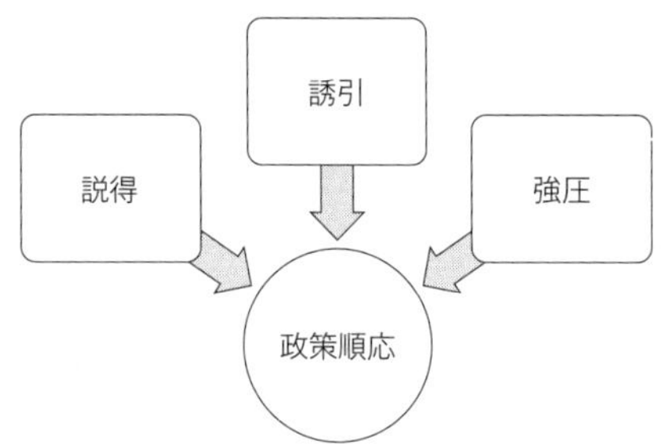

図6－4　政策順応の確保手段

場合，政策執行アクターは政策執行に順応しなくなります．三つ目に，不適切な政策内容が挙げられます．政策執行アクターが政策の内容を構成する政策目標と政策手段が問題解決のために適切ではないと判断した場合，政策不順応が現れます．四つ目に，費用負担が挙げられます．規制政策の場合のように，政策対象集団が費用を負担しなければならない場合，政策不順応が発生することがあります．五つ目に，政府の権威に対する不信が挙げられます．政府が国民の支持を確保できず，正統性が認められない場合，政策執行アクターは政策執行に順応しなくなります．

このような政策不順応の原因に基づき政策順応を確保する方案を考えると，大きく三つの手段が挙げられます（図6－4参照）．一つ目に，説得です．説得とは，自分と反対の意見を持つ相手を論理的に，そして感情的に理解させ，自分の意見に同調するよう誘導する行為を意味します．ここで重要な単語は，理解です．したがって，政策決定者は政策執行アクターが政策内容と趣旨について十分に理解できるよう多様な機会を提供することが重要です．具体的な手段には，政策ワークショップ・専門家セミナー・政策アカデミーなどが挙げられます．これらのプログラムを通して政策執行アクターが，政策が追求する価値を共有できるよう説得する戦略が必要です．

二つ目に，誘引です．誘引とは，相手の欲求を刺激し自分の意見に同調するよう誘導する行為を意味します．代表的な方法が，補償です．政策執行アクターに経済的あるいは非経済的補償を提供することで，政策順応を誘導することができます．経済的補償には，政策対象集団の場合は税金減免・金融支援などが挙げられ，執行担当者には賞与金や激励金の支給などが挙げられます．非経済的補償としては，政策対象集団の場合は行政便宜の提供や情報共有などが挙げられ，執行担当者の場合は褒賞制度の実施などが挙げられます．

三つ目に，強圧です．強圧とは，相手に強制的な措置を取り自分の意見に同調するよう誘導する行為を意味します．強制性が核心です．政策執行過程で政策執行アクターに強圧的手段を適用することで，政策順応を確保することができます．具体的な強圧的手段として政策対象集団の場合，事業許認可の取り消し・営業停止・罰金賦課などが挙げられ，執行担当者の場合は人事上の不利益措置などが挙げられます．このような強圧的手段は，政策順応確保のために避けられない側面があります．しかし，政策執行アクターの活動を過度に萎縮させる恐れがあるという点で限界があります．

4．観光政策執行と限定合理性

観光政策執行を成功させるためには，合理的な観光政策執行段階を経ることが非常に重要です．また，観光政策執行アクターが政策執行に順応できるよう環境を整えることも重要だといえます．しかし，観光政策執行過程も真空の中で進行されるのではなく，外部環境との有機的な交換を通して進行されるという点で合理的な観光政策執行過程を制約する多様な要因が存在します．

1）非政府アクターの関与

非政府アクターの関与が観光政策執行に影響を与えます．非政府アクターは，政策執行過程に直接参加する政策執行アクターではありませんが，政策執行に影響を与える社会集団をいいます．市民団体・専門家集団・NGO・マスメディアなどがこれに該当します．例えば，観光開発政策の執行過程で地球温暖化のような環境問題に関心のある環境団体が関与し，葛藤を招く場合が頻繁に発生しています．また，観光産業政策の執行過程でも雇用問題・地域社会との共生協働問題・女性人材の雇用問題など社会的責任と関連した問題が提起され葛藤が発生することがあります．したがって，円滑な観光政策執行のためには，政策情報の共有を通して非政府アクターとの協力関係を維持することが非常に重要です．

2）政策決定者の交代

政策決定者の交代が観光政策執行に影響を与えます．政策決定者は，選挙を通じて選出された人や政治的に任命された人々をいいます．内閣総理大臣・内閣閣僚・国会議員・地方自治体首長・地方議員などがこれに該当します．政策決定者の交代が行われる場合，政策事業の優先順位が変わり，さらには中断されることがあります．もちろん政策決定が議会あるいは地方議会を通じて承認された事項である限り，選挙による交替が行われたからといってむやみに政策決定事項を変えることはできません．それにもかかわらず，以前の政策決定事項について新たに任期を開始した政策決定者が反対意見を持っている場合には，政策執行過程に否定的な影響を与えることになります．したがって，観光政策執行を成功させるためには政策決定及び執行事務についての制度的装置を備えることが必要です．

3）政策環境の変化

政策環境の変化が観光政策執行に影響を与えます．観光政策過程が進む間，外部の状況は絶えず変化します．政権交代といった政治環境の変化・消費市場の変化を含む経済環境の変化・技術革命によって発生する技術環境の変化・地球温暖化による環境問題・伝染病によって発生する保健問題・地域紛争による国際関係の変化など多様な外部環境の変化が起こり観光政策過程に影響を与えます．第４章の観光政策アジェンダ設定過程で述べたように，予想できなかった危機的状況が観光政策アジェンダ設定に影響を与え，観光政策決定につながることもあります．またこのような外部環境の変化は，観光執行過程にも影響を与え，正常な政策執行を制約することがあります．例えば，リゾート開発政策は，事業期間が10年以上もかかる長期的な事業がほとんどです．このように政策執行が長期的に進められている間に，観光需要が変化する場合もあれば，国際関係の悪化で外国人観光客が急減する場合もあります．これにより，観光政策執行が順調に進まない場合が発生することがあります．特に，自然災害やメガイベント誘致など触発的な状況の中で観光政策決定が行われた場合，社会的関心の変化によって観光政策執行が影響を受けることがあります．

5．観光政策執行と政策 PR

全ての政策は，国民全体に影響を与えます．もちろん，観光政策は一次的に政策対象集団に影響を与えます．しかし，観光政策も最終的にはどのような形であれ，国民に影響を与えることになります．したがって，観光政策の執行が成功するためには，国民の関心と支持を確保することが非常に重要です．

しかし，特定の社会的イシューについての国民，すなわち大衆の関心は，第４章での政策アジェンダ設定過程の争点と注目度のサイクルモデルで確認したように持続的ではありません．ある瞬間，大衆の関心が大きく増加しますが，一定期間が経つにつれて次第に減少するようになります（Downs 1972）．観光政策についての関心も同様です．そのため，観光政策執行者の立場からは観光政策に対する大衆の関心を持続的に維持できる手段が必要です．そのための代表的な戦略が政策 PR です（Hallahan 2000）．

一般的に PR（public relations）は，大衆とのコミュニケーション活動を意味します．簡単に言えば，企業や政府などの組織が自分たちの活動を大衆に知らせる活動だといえます（Grunig & Hunt 1984）．もちろん，このような活動を通して組織が期待するのは，大衆の関心と支持です．政策 PR も同様です．政府は，大衆の関心と支持を確保するために，多様なコミュニケーション活動を遂行します．これを観光政策執行過程に範囲を狭めて説明すると，観光政策執行者が大衆の関心と支持を確保するために，特定の観光政策を知らせるコミュニケーション活動だといえます．

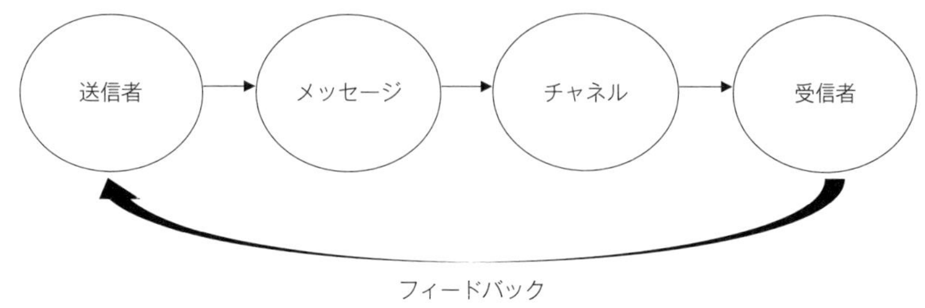

図6－5　コミュニケーションの段階

図6－5に示すように，コミュニケーション（communication）は，送信者が伝えたい内容をメッセージに変換し，適正なチャネルを選択し受信者に伝える一連の活動と定義されます（李連澤 2021）．

観光政策コミュニケーションの段階は，大きく四つの段階で構成されます．一番目の段階であるメッセージ段階では，政府は特定の観光政策の内容を適切な情報単位で提示できなければなりません．情報単位は，言語メッセージ・写真メッセージ・ビデオメッセージなど多様な形態のメッセージをいいます．

二番目の段階は，チャネル選択の段階です．この段階では，大衆へのアプローチに適したメディアを選択できなければなりません．メディアの形態としては，大衆を対象とする政策討論会・政策フォーラム・公聴会などの伝統的なコミュニケーション方式があり，テレビ・ラジオなどのメディアがあります．最近では，インターネットを通じたソーシャルメディアが重要な役割を果たしています．

三番目の段階は，受信者である目標対象の選定です．誰を対象にコミュニケーション活動を行うのかを決める段階です．大衆全体を対象とするものの，最も優先的な目標とすべき対象を選定することが効率的だといえます．

四番目の段階は，フィードバックです．コミュニケーションはフィードバックで終わります．政府は，一方的に政策情報を大衆に知らせるのではなく，大衆の意見を受け入れ，反応できなければなりません．これを，双方向コミュニケーションといいます．

観光政策執行を成功させるためには，このような段階的コミュニケーション活動である政策 PR を通して国民，すなわち大衆と意思疎通することが重要です．そして，この過程でもう一度強調すべきことは，政策 PR は双方向コミュニケーションで完成するという点です．

この章では，観光政策過程の第三段階である観光政策執行について考察しました．次の第7章では，観光政策過程の第四段階である観光政策評価について説明していきます．

📖参考文献

Coombs, F.（1981）The Base of Non-Compliance with a Policy. In J. Grumm & S. Wasby (eds.), *The Analysis of Policy Impact,* Lexington Press.

Downs, A. (1972) Up and Down with the Ecology-the Issue Attention Cycle. *The Public Interest,* 28：38–50.

Grunig, J. & Hunt, T.（1984）*Managing Public Relations,* Holt, Rinehart and Winston.

Hallahan, K.（2000）Inactive Publics : The Forgotten Publics in Public Relations. *Public Relations Review,* 26（4）：499–515.

Hogwood, B. & Gunn, L.（1984）*Policy Analysis for the Real World,* Oxford University Press.

Jones, C.（1984）*An Introduction to the Study of Public Policy,* Brooks/Cole Publishing Co.

Nakamura, R. & Smallwood, F.（1980）*The Politics of Policy Implementation,* St. Martin's Press.

Rein, M. & Rabinovitz, F.（1978）Implementation : A Theoretical Perspective. In W. Burnham & M. Weinberg (eds.), *American Politics and Public Policy,* MIT Press.

李連澤（2020）『観光政策学（第2版）』白山出版社.

李連澤（2021）『観光学（第2版）』白山出版社.

秋吉貴雄・伊藤修一郎・北山俊哉（2017）『公共政策学の基礎（新版）』有斐閣ブックス.

村上弘・佐藤満（2016）『よくわかる行政学（第2版）』ミネルヴァ書房.

第7章 観光政策評価

この章では，観光政策過程の第四段階である観光政策評価について考察します．主な内容として，観光政策評価の概念・観光政策評価の段階・観光政策評価の基準を検討し，続いて観光政策評価と限定合理性について説明します．

1．観光政策評価の概念

観光政策評価（tourism policy evaluation）は，観光政策執行の結果及び過程を分析し判断する政府の活動と定義されます．このような観光政策評価は，政策過程の第四段階として行われます．つまり，観光政策が決定され，また執行され後に観光政策評価が行われるといえます．

政策評価は，政策分析とは区別されます．第5章の観光政策決定で前述したように，政策分析は政策決定の段階で最善の政策代案選択のために行われる事前評価である反面，政策評価は政策執行以後の段階で行われる事後評価として違いがあります（Fischer 1995；秋吉・伊藤・北山 2017）．

このような政策評価は，大きく三つの目的で行われます．

第一に，政策管理のために政策評価が行われます．政策評価を通して政策執行の問題点を確認し，その評価結果を今後の政策過程に反映することで政策執行の成功可能性を向上させることを目的としています（Vedung 2006；村上・佐藤 2016）．

第二に，責務の確認のために政策評価が行われます．政策評価を通して政策執行の成功と失敗の責任が誰にあるのかを把握することを目的としています．責務は，法律や規定に明示された制度的な責任を意味しています(Howlett & Ramesh, 2003；Scriven 1981)．

第三に，政策知識の蓄積のために政策評価が行われます．政策評価を通して今後の政策代案を発掘し選択する際に必要な政策知識を生産し活用することを目的としています（Arvidson 1986)．

2．観光政策評価の段階

観光政策評価の段階は，大きく三つの段階で構成されます（李連澤 2020)．これを概略的に示すと，図７－１のようになります．

1）政策評価計画の樹立

観光政策評価過程の第一段階は，政策評価計画の樹立です．政策評価のためには，次のように評価主体・評価方式・評価単位・評価基準・評価時期など基本的な評価要素についての事前計画が樹立されなければなりません（表７－１参照)．

一つ目は，評価主体の選択です．政策評価は，観光政策決定者と観光政策執行者によって遂行されます．大抵の場合，観光政策執行者が評価主体となり，観光政策執行者は評価施行業務を担当します．

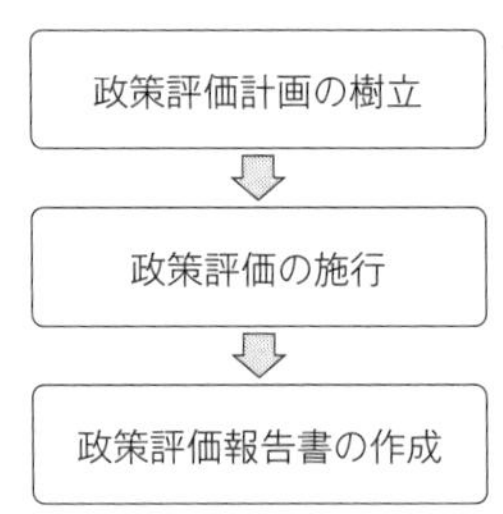

図７－１　観光政策評価の段階

表7－1　政策評価計画の構成要素

構成要素	主要類型
評価主体	観光政策決定者／観光政策執行者
評価方式	内部評価／外部評価
評価単位	機関単位評価／政策単位評価／事業単位評価
評価基準	総括的評価／形成的評価
評価時期	中間評価／事後評価

二つ目は，評価方式の選択です．評価方式は，内部評価あるいは外部評価に区分されます（Wollman 2007；秋吉・伊藤・北山 2017；曽我 2022）．内部評価は，評価主体である観光政策決定者が直接評価業務を遂行します．そのため，自己評価とも呼ばれます．外部評価は，評価主体である観光政策決定者が外部の評価専門機関に依頼し政策評価を遂行する場合をいいます．

三つ目は，評価単位の選択です．評価単位は，政策評価の内容的範囲を表し，機関単位評価・政策単位評価・事業単位評価などに区分されます．機関単位評価は，最も広い範囲の政策評価といえます．したがって，政策執行組織全体を対象に評価が行われます．次に，政策単位評価は個別の政策を対象に行われる政策評価をいいます．一般的に政策評価といえば，このような政策単位評価をいいます．また事業単位評価は，個別の政策を構成する部分的な施行事業を範囲とする政策評価をいいます．事業単位評価は，内容的に最も狭い範囲の政策評価といえます．

四つ目は，評価基準の選択です．評価基準は，大きく総括的評価と形成的評価に区分されます（李連澤 2020；石橋・佐野・土山・南島 2018）．総括的評価（summative evaluation）では，政策執行結果の目標達成程度を評価するための基準が選定されます．そして形成的評価（formative evaluation）では，政策執行過程の進行状況を評価するための基準が選定されます．一般的に政策知識の蓄積を目的とする政策評価では，総括的評価よりは形成的評価を評価基準とする場合が多いです．

五つ目は，評価時期の選択です．評価時期は，大きく中間評価と事後評価に区分されます．中間評価は，政策執行過程中に行われる評価をいいます．政策執行過程が適切に進められているかどうかの検討が行われます．事後評価は，政策執行が完了した後に行われる政策執行結果についての評価をいいます．実際には，政策評価は事後評価方式で行われる場合が多いといえます．

2）政策評価の施行

観光政策評価過程の第二段階は，政策評価の施行です．政策評価の施行は，次のように三つの段階で行われます（表7－2参照）．

一つ目の段階は，資料収集段階です．資料収集段階では，資料の性質を規定し，これを基準に資料収集を施行することになります．資料は，大きく定量データと定性データに区分されます．定量データは，計量化された量的資料をいいます．統計調査やサーベイなどを通して資料が収集されます．定性データは，文書化された質的資料をいいます．観光政策執行と関連した公式文書や各種記録物を収集したり，執行担当者を対象にしたインタビューを通して資料が収集されます．

二つ目の段階は，分析方法の選択段階です．資料の性質によって分析方法が選択されます．定量データを分析する場合には，記述的分析技法や推測的分析技法のような計量分析法が選択され，定性データを分析する場合には，価値分析技法や言語分析技法のような内容分析法が適用されます．

三つ目の段階は，測定段階です．最終的に評価結果の測定が行われます．測

表7－2　政策評価の施行段階及び内容

施行段階	主な内容
資料収集	定量データの収集
	定性データの収集
分析方法	計量分析法：記述的分析技法・推測的分析技法
	内容分析法：価値分析技法・言語分析技法
測定	総括的評価：有効性・能率性・公平性
	形成的評価：適合性・適切性・一貫性

定方式は，大きく総括的評価と形成的評価に区分されます．総括的評価では，有効性・能率性・公平性などを基準に測定が行われ，形成的評価では適合性・適切性・一貫性などを基準に測定が行われます．それぞれの評価基準については，次の節で詳しく説明していきます．

3）政策評価報告書の作成

観光政策評価過程の最終段階は，政策評価報告書の作成です．政策評価報告書には，政策評価計画書に提示された内容が含まれます．一般的に適用される作成段階及び内容は，**表7－3**のとおりです．

一つ目の段階は，評価背景の作成です．評価背景においては，主に政策評価の必要性と政策環境の変化が内容として含まれます．

二つ目の段階は，評価目的の作成です．評価目的においては，政策管理・責務の確認・政策知識の確保などを基準に具体的な目的が提示されます．

三つ目の段階は，評価方法の作成です．評価方法においては，資料収集方法と分析方法が内容として含まれます．

四つ目の段階は，評価結果の作成です．評価結果においては，有効性・能率性・公平性など評価基準別の測定結果が提示されます．

五つ目の段階は，示唆点と今後の課題の作成です．示唆点においては，政策評価過程で確認された政策執行の問題点を総合し，これに基づいて実務的解決方案について議論が行われます．そして今後の課題においては，政策評価の方

表7－3　政策評価報告書の作成段階及び内容

作成段階	主な内容
評価背景	政策評価の必要性・政策環境の変化
評価目的	政策管理・責務の確認・政策知識の確保
評価方法	資料収集方法と分析方法
評価結果	評価基準別測定結果
示唆点と今後の課題	政策執行の問題点・実務的解決方案 政策評価の方法論的限界・改善方案

法論的限界と改善方案が内容として含まれます.

3．観光政策評価の基準

観光政策評価の結果を測定するために，様々な評価の基準が適用されます.総括的評価では主に有効性・能率性・公平性などが評価基準として適用され，形成的評価では適合性・適切性・一貫性などが評価基準として適用されます.まず，総括的評価基準について検討し，続いて形成的評価基準について説明します.

1）総括的評価の基準

総括的評価の基準は，政策執行結果の目標達成程度を評価するための基準です.総括的評価の基準は，計量化された指標を活用することが特徴だといえます.評価基準別に整理すると，次のとおりになります.

（1）有効性

有効性（effectiveness）は，政策執行結果において政策目標の達成程度を測定する評価基準です.予想した政策結果に対して達成された政策結果の割合を測定します.

有効性分析では，政策執行の結果を政策結果（policy results）といいます.この用語は，政策アウトプット（policy outputs）・政策アウトカム（policy outcomes）・政策インパクト（policy impact）等を包括する用語です.

政策アウトプットは，政策執行の結果として政策手段が投入され，出力された実行的な結果をいいます.例えば，民泊施設の現代化事業のために200社の民泊事業体を支援対象として選定し，500室の客室を拡充すると計画を立て，その結果400室の新規客室が拡充されたとすれば，政策アウトプットは400室の客室といえます.

政策アウトカムは，政策執行の結果として政策対象集団に影響を与える実質

表7－4　有効性の測定

有効性	達成政策結果／予想政策結果 400社／500社＝80％

的な結果をいいます．例えば，政策執行の結果として200社の民泊事業体が400室の客室拡充を通して外国人観光客を1年に45万人追加で誘致したとすれば，政策アウトカムは年間45万人の外国人観光客だといえます．

政策インパクトは，政策執行の結果として政策対象集団だけでなく地域社会全体に与える間接的な影響をいいます．例えば，政策執行の結果として400室の客室が拡充され，年間45万人の外国人観光客が追加で誘致されたならば，政策インパクトはこれによって増加した地域所得の増大・雇用創出効果などをいいます．

このうち有効性評価で一般的に適用されている基準は政策アウトプットです．その理由は，測定が簡単なためです．例えば，**表7－3**に示すように200社の民泊事業体を対象に500室の客室を拡充するという予想目標を設定したと仮定します．そして，政策執行以後に達成された執行結果が400室の客室だったとすれば，**表7－4**のように有効性は，80％達成率と評価されます．

（2）能率性

能率性（efficiency）は，政策執行結果においてインプットとアウトプットを比較測定する評価基準です．能率性は，経済的効果を測定する評価基準という特徴を持ちます．

能率性を測定する際には，費用効果分析法が分析技法の一つとして適用されます．費用効果分析では，達成された効果に対して投入された費用の割合を測定します．例えば，200社の民泊事業体に対する財政的支援を通して400室の客室を追加で拡充したと仮定します．この場合，150社の小型民泊事業体にはそれぞれ300万円の支援を行い200室の客室を拡充され，50社の大型民泊事業体にそれぞれ500万円を支援し200室の客室を拡充したとすれば，小型民泊事業体の

表7－5　能率性の測定

能率性	小型民泊事業体支援 総費用　450百万円／200客室＝1部屋あたり225万円
	大型民泊事業体支援 総費用　250百万円／200室＝1部屋あたり125万円

場合は1部屋当たり2,250,000円の費用がかかり，大型民泊事業体の場合は1部屋当たり1,250,000円の費用がかかったことがわかります．

したがって**表7－5**に示すように，大型民泊事業体を支援することが，より能率性が高いといえます．

（3）公平性

公平性（equity）は，政策執行結果において政策手段の公正な配分程度を測定する評価基準をいいます．通常，予算が政策対象集団に配分された結果を測定して比較します．

前述した例をもう一度提示してみると，**表7－6**に示すように小型民泊事業体の数が150社，大型民泊事業体の数が50社で，全体200社の民泊事業体のうち75％が小型民泊事業体，25％が大型民泊事業体を示しています．つまり，小型民泊事業体に対する支援がより多く行われていることがわかります．

先ほどの能率性評価では，小型民泊事業体を支援するより大型民泊事業体を支援する方が能率性が高いということが分かりました．言い換えると，大型民泊事業体を政策対象集団とすることが経済的側面では望ましいといえますが，この場合，相対的に弱い立場にある小型民泊事業体が十分な恩恵を受けられないという問題点が発生することになります．

このような点から公平性と能率性は相対的な概念だといえます．能率性が高くなると公平性が低くなり，逆に能率性が低くなると公平性が高くなるのです．したがって，政策決定者と政策執行者は，能率性と公平性のバランスを確保することが非常に重要だといえます．

表7－6　公平性の測定

公平性	小型民泊事業体支援 150社／200社（総支援事業体）＝全体の75％
	大型民泊事業体支援 50社／200社（総支援事業体）＝全体の25％

2）形成的評価の基準

形成的評価の基準は，政策執行過程の進行状況を評価するための基準です．形成的評価の基準は，定性的指標を活用することが特徴だといえます．評価基準別に整理すると，次のとおりになります．

（1）適合性

適合性（appropriateness）とは，政策執行過程において政策価値の反映程度を測定する評価基準をいいます．

表7－7に示すように，価値分析を通して民泊施設の現代化事業が究極的に追求する基本的な政策価値として成長性・持続可能性などを導き出したと仮定してみます．その次に，このような政策価値が政策執行過程においてどのように反映されたかを確認することで，政策執行の適合性を評価します．

例えば，民泊施設の現代化事業を推進する場合，優先的に考慮すべき基準は，地域観光政策が追求する基本的な価値です．近年では，地域観光政策の価値が経済的価値である地域経済成長だけでなく，環境的価値である持続可能性などにまで拡大しています．したがって，政策執行過程での政策手段の選択においてこのような価値要素がどれだけ反映されているのかを測定することが重要な評価基準になります．

表7－7　適合性の測定

適合性	成長性 民泊支援事業は地域経済成長にどれだけ寄与するのか．
	持続可能性 民泊支援事業は持続可能な民泊施設基準をどれだけ適用しているのか．

表7－8　適切性の測定

適切性	手順的適切性 民泊事業支援のための推進は適切な手順を経て行われたか.
	分配的適切性 民泊事業体の選定・支援金の配分等は適切に行われたのか.

（2）適切性

適切性（adequacy）は，政策執行過程において進行手順及び手段配分の適正な程度を測定する評価基準です．次の表7－8に示すように，適切性は大きく手順的適切性と分配的適切性に基づき評価されます．

手順的適切性は，政策執行過程が段階的手順を経て適切に行われたかを評価する基準です．また分配的適切性は，政府が提供した補償金や支援金が適切に分配されたかを評価する基準です．

例えば，民泊施設の現代化事業において推進組織・人材・予算など推進体系の構築が適切に進められたかを評価することは，手順的適切性を測定する基準となります．また民泊事業体が適切に選定され，支援金の範囲は適切なのかについての評価は，分配的適切性を測定する基準になります．

（3）一貫性

一貫性（consistency）は，政策執行過程において政策の持続性を測定する評価基準です．政策の持続性は，現在推進されている政策が以前の時期に形成された政策を受け継ぐことをいいます．次の表7－9に示すように，政策の持続性が評価基準となります．

例えば地方自治体の場合，首長が選挙によって交代されると前任の首長が推進してきた政策が終結することがよく発生します．その場合，政策中断によって期待していた成果が達成できないという問題が発生することになります．そのような意味で，一貫性は政策執行の安定的な推進のために非常に重要な要素だといえます．

表７－９　一貫性の測定

一貫性	政策の持続性 ―以前の時期に民泊事業体育成計画は存在したのか. ―万が一存在したなら，現在の政策事業は以前の政策事業とどれだけ関連性を持っているのか.

４．観光政策評価と限定合理性

これまで，私たちは観光政策評価のための段階的過程について考察しました．次は，このように段階的に進められる観光政策評価の合理性を制約する要因について確認していきます．

１）観光政策アクター

観光政策評価過程に関与する政府アクターには，観光政策決定者と観光政策執行者が含まれます．このうち観光政策決定者は，観光政策評価過程において政策評価決定権を持っています．したがって，観光政策決定者は，政策評価施行の全過程にわたり影響を与える可能性があります．このような観光政策決定者が政治的理解あるいは責任回避などの理由で政策評価を遅らせたり，政策評価業務を不適切に進めることで合理的な観光政策評価を制約することがあります．

次に，観光政策評価過程に関与する非政府アクターが合理的な観光政策評価を制約することがあります．例えば，観光事業者団体のような利益集団は観光政策対象集団として支援事業を通して恩恵を受けることができます．しかし，政策評価によって自分たちの利害に否定的な影響を受ける場合，彼らは観光政策評価過程に圧力を行使することで合理的な観光政策評価を制約することがあります．

2）評価技術

合理的な観光政策評価を制約する評価技術的要因として，大きく二つが挙げられます．

一つ目は，政策目標です．政策目標が不確実又は不明瞭な場合，政策結果を測定することは非常に難しいです（秋吉・伊藤・北山 2017）．これにより，観光政策評価の合理性が制約されることがあります．

二つ目は，政策評価資料です．政策評価資料の資料準備が不足したり，情報公開が不十分な場合，合理的な政策評価が難しくなります．特に，形成的評価のような質的評価の場合には，政策執行過程に関する記録情報の確保が重要だといえます．

まとめると，観光政策評価は現実的に様々な要因により制約を受けることになります．これを克服するためには，観光政策評価計画の樹立及び施行を支援する制度的装置を確保することが必要です．

この章では，観光政策過程の第四段階である観光政策評価について考察しました．次の第８章では，観光政策過程の第五段階である観光政策変容について説明していきます．

参考文献

Arvidson, G.（1986）Performance Evaluation. In F. Kanfmann, G. Majone & V. Ostrom（eds.）, *Guidance, Control, and Evaluation in the Public Policy,* de Gruyter.

Fischer, F.（1995）*Evaluating Public Policy,* Nelson-Hall Publishers.

Howlett, M. & Ramesh, M.（2003）*Studying Public Policy : Policy Cycles and Policy Subsystems*（２nd ed.）, University of Tronto Press.

Scriven, M.（1981）*Evaluation Thesaurus,* Edgepress.

Vedung, E.（2006）Evaluation Research. In B. Peters & J. Pierre（eds.）. *Handbook of Public Policy,* Sage Publications.

Wollman, H.（2007）Policy Evaluation and Evaluation Research. In F. Fischer, G. Miller, & M. Sidney（eds.）. *Handbook of Public Policy Analysis,* CRC Press.

李連澤（2020）『観光政策学（第２版）』白山出版社.

秋吉貴雄・伊藤修一郎・北山俊哉（2017）『公共政策学の基礎（新版）』有斐閣ブックス．
石橋章市朗・佐野亘・土山希美枝・南島和久（2018）『公共政策学』ミネルヴァ書房．
曽我謙悟（2022）『行政学（新版）』有斐閣アルマ．
村上弘・佐藤満（2016）『よくわかる行政学（第２版）』ミネルヴァ書房．

第 8 章 観光政策変容

この章では，観光政策過程の最終段階である観光政策変容について考察します．主な内容として，観光政策変容の概念・観光政策変容の段階・観光政策変容の類型を検討し，続いて観光政策変容と限定合理性について説明します．

1．観光政策変容の概念

観光政策変容（tourism policy change）は，観光政策評価を反映し決定された既存の観光政策内容の変化と定義されます．過去には，政策過程で政策評価段階を最終段階とみなしましたが，近年では政策のライフサイクル的観点から政策変容段階を最終段階と見ることが一般的になりました（李連澤 2020）．その理由は，社会問題を解決するために全く新しい政策が形成されることもありますが，大抵の場合，既存の政策を少しずつ修正しながら事業を推進していくことが多いためです．したがって，観光政策変容段階は政策のライフサイクルにおいて非常に重要な段階だといえます．

第 7 章でも類似の例を挙げましたが，観光都市 A が現代的宿泊施設の拡充のために，ホテル施設支援事業を過去10年間推進してきたと仮定します．しかし最近の政策評価の結果，当初の計画と比べて成果が低いことが判明し，その補完策として観光都市 A は既存の宿泊施設拡充事業で推進してきたホテル施設支援事業の他に，民泊施設支援事業を含む宿泊施設の現代化事業を推進することにしました．この場合，民泊施設支援事業を含む宿泊施設の現代化事業が政策変容に該当します.

まとめると，観光政策過程において政策変容段階は既存に推進されてきた観光政策が終了する段階であると同時に，新たに修正された観光政策が推進される段階といえます.

2．観光政策変容の段階

観光政策変容の段階は，大きく三つの段階で構成されます．これを概略的に示すと，図８－１のようになります.

1）政策フィードバック

観光政策変容過程の第一段階は，政策フィードバックです．政策フィードバックは，政策評価段階で確認された評価結果が次の段階である政策変容段階に投入される過程をいいます．したがって，政策フィードバック段階は政策評価段階と政策変容段階との中間段階として政策過程を結び付ける役割を果たします.

2）政策学習

観光政策変容過程の第二段階は，政策学習です．政策学習は，政策フィードバックを通じて新たに獲得された政策情報を政策変容に適用する過程をいいます（Busenberg 2001）．政策学習と関連した主要な構成要素を整理すると，次の

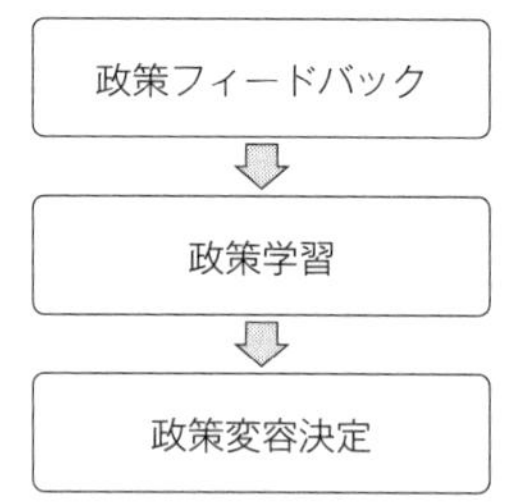

図８－１　観光政策変容の段階

ようになります．

まず，政策学習の主体は観光政策決定者です．観光政策決定者が政策学習計画を樹立し，施行する役割を担います．もちろん，観光政策執行者が権限の委任を受け，政策学習を進めることもあります．また，政策学習の方式や内容によって外部の専門機関が代行することもあります．

次に，政策学習の参加対象には観光政策決定者・観光政策執行者などの政府アクターだけでなく，利益集団・地域住民などの非政府アクターも含まれます．

そして政策学習の方式は，大きく内生的方式と外生的方式に区分されます (Howlett & Ramesh 2003)．内生的方式は，政策執行過程に参加した政策決定者・政策執行者などの政府アクターが参加し政策評価結果を検討し，新しい政策アイデアを習得する学習形態をいいます．政策ブレインストーミング・政策発表会・政策ワークショップなどがその例となります．このような内生的方式は，政府アクターが主導する方式の学習という特徴があります．

その反面，外生的方式は政府アクターの他に利益集団・専門家集団・地域住民などの非政府アクターが参加するという，範囲が拡張された形態の政策学習をいいます．政策フォーラム・政策セミナー・政策講演会などがその例となります．外生的方式は，外部の専門機関との協力が行われる方式の学習という特徴があります．このような外生的方式は，多様な政策アクターの政策参加を可能にし，政策学習コミュニティを形成するという意味があるため，その重要性が拡大しています．

次に，政策学習の類型は学習の内容的範囲を基準に技術的学習・概念的学習・社会的学習に区分されます (Fiorino 2001)．まず，技術的学習は政策手段の再構成・政策執行手順の調整など政策の具体的な内容についての検討及び適用を学習の主題とします．

次に，概念的学習は政策目標の再設定・政策手段の再構成など政策の全般的な内容についての検討及び適用を学習の主題とします．このような技術的学習と概念的学習は，主に内生的方式で行われます．

また，社会的学習は政策内容についての検討はもちろん，政策を取り巻くマクロ環境の変化を分析し，政策価値との適合性を模索することを学習の主題とします．社会的学習は，政策の基本的な認識体系を全般的に扱うという意味で，政策パラダイム学習とも呼ばれます．このような社会的学習は，主に外生的方式で行われます．

3）政策変容決定

観光政策変容過程の第三段階は，政策変容決定です．政策変容決定は，観光政策決定者が政策学習段階を経て，既存の政策内容の変化を最終的に選択する過程です．

前述した第5章の観光政策決定段階では，観光政策決定を観光問題を解決するために最善の観光政策代案を選択する政府の活動と定義しました．観光政策変容決定は，政策代案を選択する政府の活動という点から観光政策決定と類似した活動だといえます．ただ，観光政策変容は新しい政策代案ではなく，修正された既存の政策代案を選択する政府の活動という点で違いがあります．

政策変容の類型は，政策変化の程度によって異なります (Baumgartner & Jones 2002)．代表的な類型には，政策革新・政策維持・政策継承・政策終了などが挙げられます．これについては次の節で具体的に説明していきます．

3．観光政策変容の類型

観光政策変容の類型は，大きく四つに区分されます (Hogwood & Peters 1983)．これを概略的に示すと，**表8－1**のようになります．

1）政策革新

政策革新は，以前から推進されてきた政策代案の政策目標と政策手段が全面的に修正される政策内容の変化をいいます．政策革新は，政策変容の類型の中で最も変化の程度が大きいといえます．

政策革新は，政策決定段階で選択された新しい政策代案と類似していること

表8－1　政策変容の類型

区分	政策目標	政策手段
政策革新	新しい目標	新しい手段
政策維持	維持	部分的変化
政策継承	維持	全面的変化
政策終了	廃止	廃止

が分かります．しかし，政策革新は政策評価段階を経た上で評価結果を反映し，既存政策の修正が行われた政策代案であるという点で違いがあります．

また，政策革新は類義語である政策創案ともよく比較されます．概念的に見ると，政策革新は既存の政策を新しく変化させるという意味を持ち，政策創案は完全に新しい政策代案を作るという意味を持ちます．一言で，政策革新は変化であり，政策創案は発明だといえます．

もう一度，具体的な例を挙げて観光政策革新を説明します．上記の例では，観光都市Ａが外国人観光客誘致のために民泊施設支援事業を推進しました．しかし，過去５年間に推進された事業実績を評価した結果，新規客室の拡充という政策アウトプット（目標対比80%）はそれなりに満足できる数値を達成できましたが，外国人観光客の追加誘致という政策アウトカム（目標対比70%）は十分に達成できませんでした．その結果，観光都市Ａは政策評価結果を基に政策学習過程を経て，これまで推進してきた民泊施設支援事業という政策代案を全面的に修正し，統合型リゾート（IR）施設事業に転換することを決めました．

ここで統合型リゾート（IR）施設事業への変化がまさに政策革新だといえます．外国人観光客の誘致拡大という基本的な政策目標はそのまま維持した上で，具体的な政策目標である民泊施設の拡充を統合型リゾート（IR）施設事業に転換し，この目標のために新しい政策手段を構成することで政策革新を図っていることが分かります．

２）政策維持

政策維持は，以前から推進されてきた政策代案の政策目標はそのまま維持された上で，政策手段だけが部分的に修正される政策内容の変化をいいます．政策維持は，政策変容の類型の中で最も変化の程度が少ないといえます．

もう一度前の例を挙げてみましょう．今回は，観光都市Aが推進した民泊施設支援事業の推進実績が予想より良かったと仮定してみます．観光都市Aは事業実績に対する政策評価を実施し，その結果を基に政策学習を施行しました．観光都市Aは，政策評価の結果が良かったので，既存の政策を延長して実施することにしました．ただし，民泊施設支援事業の対象者選定において公正性と迅速性を補完するために民泊施設ホームページを構築し運営することにしました．

この事例は，政策維持に該当します．既存の政策から政策目標はそのまま維持し，政策手段において若干の変化を試みていることが分かります．ここで一つ注目すべき点は，既存事業の推進実績が良かったからといって，政策事業をそのまま延長して推進するのではなく，政策評価を実施し政策学習過程を経てから不完全な事項を補完しているという点です．言い換えれば，政策評価―政策学習―政策変容決定の段階的過程がそのまま適用されているということです．

3）政策継承

政策継承は，以前から推進されてきた政策代案の政策目標はそのまま維持し，政策手段が全面的に修正される政策内容の変化をいいます．

政策継承は，既存の政策代案において政策目標がそのまま維持されるという点で政策維持と類似しているように見えます．しかし，政策手段の変化が全面的に行われるという点で，政策維持よりは変化の幅が大きいです．

政策継承の類型は，大きく三つに区分されます．これを概略的に示すと，表8-2のようになります．

一つ目に，線型承継です．線型承継は，以前から推進されてきた施行事業はそのまま維持されますが，その下位施行事業については全面的な修正が行われる政策継承の類型をいいます．一見，政策維持と似ていますが下位施行事業が全面的に変化するという点で違いがあります．また，例を挙げてみましょう．

表8－2　政策継承の類型

区分	変化内容
線型承継	施行事業の維持，下位施行事業の全面修正
政策統合	施行事業の統合
政策分割	施行事業の分離

観光都市Aは過去10年間に推進された民泊施設支援事業に対する政策評価の結果がよかったため，既存の政策を延長して実施することにしました．ただし，観光市場の需要が変化しているという点を考慮し，施行事業の下位施行事業を全面的に改編することに決めました．民泊施設支援事業においては，現代的施設拡充事業・民泊施設予約事業・民泊施設広報事業・民泊事業人材の専門化事業など大きく四つの下位施行事業が推進されてきました．これらの下位施行事業をデジタル技術要因と結合し，全面的に新しく修正することに決めました．この事例では，以前から推進されてきた施行事業はそのまま維持される中で，その下位施行事業が全面的に変化する線型承継が行われることがわかります．

二つ目に，政策統合です．政策統合は，以前から推進されてきた様々な施行事業を結合する政策継承の類型をいいます．もう一度，例を挙げてみましょう．観光都市Aは過去10年間に推進された民泊施設支援事業の政策評価がよかったため，既存の政策を維持することにし，施行事業を全面的に改編することにしました．その結果，これまで進められてきた四つの施行事業のうち，民泊施設予約事業と民泊施設広報事業を統合し，モバイル技術時代に合わせて民泊施設プラットフォーム事業を推進することにしました．この事例では，以前から推進されてきた二つの施行事業が一つに結合する政策統合が行われることがわかります．

三つ目に，政策分割です．政策分割は，以前から推進されてきた様々な施行事業を分離し運営する政策継承の類型をいいます．また，例を挙げてみましょう．観光都市Aは過去10年間に推進された民泊施設支援事業をそのまま維持することにし，施行事業の一部を分離して運営することにしました．その結果，これまで進められてきた四つの施行事業のうち，民泊事業人材の専門化事業を地域住民の専門化事業と外部事業人材の誘致事業に分離して推進することにしました．この事例では，以前から推進されてきた一つの施行事業が，二つの事業に分離する政策分割が行われることがわかります．

4）政策終了

最後に，政策終了は以前から推進されてきた政策代案を構成する施行事業を全て廃止させる政策内容の変化をいいます．

政策終了は，実際には非常にまれに現れる政策変容の類型です．なぜなら，ほとんどの政策が一度施行されれば，そのまま維持される傾向を示しているからです．そのため，政策は最初に形成されるのも困難ですが，終了するのはさらに困難だといえます．

4．観光政策変容と限定合理性

これまで，私たちは観光政策変容のための段階的過程について考察しました．次は，このように段階的に進められる観光政策変容の合理性を制約する要因について確認していきます．

1）政策アクター

政策アクターが観光政策変容に影響を与えます．一つ目に，政策決定者要因です．観光政策決定者が合理的な観光政策変容を制約することがあります．観光政策決定者は選挙を通じて選出されたり，政治的任命を通じて政策決定権限を持つようになります．特に，選挙によって観光政策決定者の交代が行われた場合，観光政策決定者は既存政策の転換を推進することがよくあります．この過程で，以前から推進されてきた政策事業が急激に廃止されたり，新しい政策事業に転換されることが発生する可能性があります（松田・岡田 2018）．このような場合，合理的な観光政策変容が制約されるといえます．

二つ目に，政策執行者要因です．観光政策決定者と同様に，観光政策執行者も合理的な観光政策変容を制約することがあります．特に，以前から推進されてきた政策事業が廃止され，全く新しい方向に革新される場合，観光政策執行者が政策変容を回避する場合があります．前述したように政府介入の失敗論理として提示された内部性の論理でも十分に説明できます．つまり，観光政策執行者は組織・人材・財政・権限など政策執行権が強化されることを好むのです．

三つ目に，非政府アクター要因です．非政府アクターが合理的な観光政策変容を制約することがあります．特定の観光政策について利害関係を持っている利益集団・NGO などは，政策変容によって自分たちの組織が否定的な影響を受けることを回避しようとします（Sabatier 1993；村上・佐藤 2016）．このような理由から，非政府アクターは合理的な観光政策変容に圧力をかけたり，否定的な立場を表明することがあります．

2）政策環境の変化

政策環境の変化が観光政策変容に影響を与えます．例えば，政策評価の結果，地域の受容力を超えるほどの多くの観光客が訪問し，地域社会に否定的な影響を与える，いわゆるオーバーツーリズム（over tourism）問題が発生した場合，観光政策決定者はこれを解決するために持続可能な観光政策という政策革新を模索することになります．しかし，世界経済の状況が急激に悪化し，むしろ観光客の数が急速に減少した場合，観光政策決定者は持続可能な観光政策代案という政策革新案の選択を保留し，既存の成長観光政策に回帰するしかありません．言い換えれば，観光政策は政策環境の変化に非常に敏感に反応する特徴を持ち，このような特徴が観光政策の合理的な政策変容を制約することになります．

3）制度的属性

制度的属性が観光政策変容に影響を与えます．制度は，法律・道徳・規則などの社会的規範を意味します．制度は長い期間にわたって形成され，一度形成された制度はなかなか変化しない属性を持っています．このような制度的属性を経路依存性（path dependency）といいます．経路依存性モデルによれば，制度は偶然の歴史的事件によって初期経路が形成され，以後設定された経路を強化しながら制度的脈絡を構築していきます（Ikenberry 1988)．したがって，一度決定された政策が経路を設定することになれば，決定的な事件が発生しない限り政策変容が行われることは難しいといえます（Krasner 1988)．まさにこのような政策の経路依存的属性が合理的な観光政策変容を制約することになります．

この章では，観光政策過程の最終段階である観光政策変容について考察しました．これで観光政策入門のための政策学習旅程が全て終わりました．

📖参考文献

Baumgartner, F. & Jones, B.（2002）*Agendas and Instability in American Politics,* University of Chicago Press.

Busenberg, G.（2001）Learning in Organization and Public Policy. *Journal of Public Policy,* 21：173–189.

Fiorino, D.（2001）Environmental Policy as Learning : A New View of an Old Land scape. *Public Administration Review,* 61（３）：322–334.

Hogwood, B. & Peters, B.（1983）*Policy Dynamics,* St. Martin's Press.

Howlett, M. & Ramesh, M.（2003）*Studying Public Policy : Policy Cycles and Policy Subsystems*（２nd ed.), University of Tronto Press.

Ikenberry, G.（1988）Conclusion : An Institutional Approach to American Foreign Economic Policy. *International Organization,* 42（１), 219–243.

Krasner, S.（1988）Sovereignty : An institutional Perspective. *Comparative Political Studies,* 21（１), 66–94.

Sabatier, P.（1993）Policy Changes over a Decade or More. In P. Sabatier & H. Jenkins-Smith（eds.), *Policy Change and Learning : An Advocacy Coalition Approach,* Westview.

李連澤（2020)『観光政策学（第２版)』白山出版社.

松田憲忠・岡田浩（2018)『よくわかる政治過程論』ミネルヴァ書房.

村上弘・佐藤満（2016)『よくわかる行政学（第２版)』ミネルヴァ書房.

あとがき

『観光政策入門』の執筆を終えました.

本書の著者である私たちは，執筆を最終的に終える前に，長い時間をかけて議論を行いました．私たちは，本書が果たして観光政策に初めて接する人々に適した知識を伝達しているかについて自問し，共に考え，白熱した討論を繰り広げました．その結果，次の三つの基準を導き出し，本書の執筆内容を見直すことができるようになりました.

第一に，私たちは本書が政策学の基礎知識を明確に説明しているかを検討しました．政策学は政治学や行政学などの伝統的学問分野からのアプローチが行われる後発学問として，同じ用語を説明しても学問的観点によって，また研究者によって差がある場合があります．これを補完するために，私たちは最も普遍的に使用される内容を伝えようと努力しました.

第二に，私たちは本書が観光政策の固有の特徴を適切に反映しているかを検討しました．皆さんも既にご存知のように，観光政策は一般的な政策の部門政策です．観光現象，つまり観光問題を解決するための政策という特徴を持っているのです．そのために，私たちは適切な例と事例を提供することに焦点を合わせようと努力しました.

第三に，私たちは本書が政策学の各理論体系をバランスよく説明しているかを検討しました．本書では，政策学の代表的な理論である政治システム理論・集団論・政策過程論を扱っています．もちろん分量の面では政策過程論のパートが最も多くの比重を占めています．しかし，内容面では各理論が同じ比重で扱われるよう努力し，理論別に分離されるのではなく理論を一つずつ積み上げていくという考えで執筆していきました.

本書で取り上げた主な内容を各章別に要約してみると，次のようになります.

まず，第１章では観光政策の基礎的な知識について説明しました．主な内容としては観光政策の概念と特徴・観光政策の形態と構成要素・観光政策の類型・政府介入の論理などが含まれました．通常では，観光政策学の学問的発展過程・観光政策理論の研究方法・観光政策の価値と理念などが含まれることがありますが，本書は入門編であるため省略しています．また機会があれば各論編で詳しく紹介したいと思います．

第２章では，政治システムの観点から観光政策と政治システムについて説明しました．主な内容としては，政治システムの概念や政治システムモデル・観光政治システムの概念・主要観光政府機関の活動・観光政策環境要因の影響などが含まれました．この章では，政治システム論という政策理論を適用し，政府がどのように政策を形成するのかを説明することに焦点を当てました．一般的に使われる政府という用語が政治システム論では政治システムとして表現されますが，このような用語上の違いを明確に説明するようにしました．

第３章では，集団論の観点から観光政策と政策アクターについて説明しました．主な内容としては，政策アクターの概念・非政府アクターの類型と活動・政策ネットワークの概念と類型などが含まれました．この章では，集団論という政策理論を適用し，政策アクターがどのように政策を形成するのかを説明することに焦点を当てました．一般的に使われている政府あるいは利害関係者などの用語が集団論では政策アクターとして表現されますが，このような用語上の複雑さをわかりやすく説明するようにしました．

第４章から第８章までは，政策過程論の観点から政策過程の各段階を順番に説明しました．政策過程論は，政策過程を因果関係で説明する理論ではなく，合理的段階で説明する理論だという点に焦点を合わせて理論的特徴を説明しようとしました．そして，政策過程の最終段階である政策変容段階を含めることで，政策過程のライフサイクル的観点を導入しようとしました．また，政策過程の合理性を強調するために，政策過程の各段階別に合理性を制約する要因についての議論を盛り込みました．

本の執筆を終える段階では，常に多くの課題が残ります．観光政策は総合政策であるため，各政策類型ごとに固有の特徴があります．例えば，観光開発政策には観光開発政策だけが追求する固有の価値と理念があり，観光開発政策形成に与える政策環境要因も他の政策類型とは異なります．また，政策アクターの類型や活動も他の政策類型とは異なります．もう一つの類型である観光産業政策も，観光産業政策だけが追求する固有の価値と理念があります．観光産業政策では，市場の自律と規制が重要な基準として作用します．そして，これらの基準を観光産業政策にどのように適用するかについての議論が激しく行われます．本書では，残念ながらこれらの政策類型別の特徴を十分に説明する機会を設けることができませんでした．この部分についてはやはり入門段階ではなく，次の機会で紹介できることを期待しています．

最後に，私たちが読者に伝えたいメッセージは「観光政策は有機生命体だ」という命題です．既に政治システム論でも説明していますが，観光政策は物理的な事物のように固定されているのではなく，有機生命体のように環境変化に応じて発展します．したがって，観光政策アクターは環境変化に適応するための政策革新を常に準備していなければなりません．また，開放的な考えを持ち，観光政策に関する知識も新たに進化させていかなければならないのです．

ここまで一緒に読んでくださった読者の皆さん，ありがとうございました．皆様一人一人が観光政策を研究する知識共同体の一員として発展できることを心から願っています．

2024年３月

著者一同

索　　引

〈ア　行〉

意思決定（decision）　6
イシューネットワークモデル（issue network model）　47, 50
一貫性（consistency）　106
一般大衆（general public）　45
エリートモデル（elite model）　47

〈カ　行〉

下位政府モデル（subgovernment model）　47, 48
外部主導モデル（outside initiative model）　57
ガバナンスモデル（governance model）　65
環境影響評価（environmental impact assessment）　75
観光（tourism）　4
観光政策（tourism policy）　4
　――アジェンダ設定（tourism policy agenda setting）　55
　――決定（tourism policy making）　70
　――執行（tourism policy implementation）　83
　――評価（tourism policy evaluation）　97
　――変容（tourism policy change）　111
観光政治システム（tourism political system）　24
規制政策（regulatory policy）　10
行政府（executive branch）　25
組合主義モデル（corporatism model）　47
経済的フィージビリティ分析（economic feasibility analysis）　75
形成的評価（formative evaluation）　99, 105
公衆アジェンダ（public agenda）　56
行動（action）　2
公平性（equity）　104
コミュニケーション（communication）　94

〈サ　行〉

再分配政策（redistributive policy）　10
裁量権（discretionary power）　88
実現可能性（feasibility）　75
実行（practices）　6
執行権（executive power）　88
司法府（judicial branch）　26
市民社会組織（civil society organization）　40
社会イシュー（social issue）　55
社会問題（social problem）　55
集団（group）　35
出力（output）　22
真実の瞬間（Moment of Truth）　85
政策（policy）　2
　構成――（constituent policy）　10
　象徴――（symbolic policy）　10
　――アウトカム（policy outcomes）　102
　――アウトプット（policy outputs）　102
　――アクター（policy actors）　36
　――インパクト（policy impact）　102
　――過程（policy process）　54
　――環境（policy environment）　27
　――起業家（policy entrepreneur）　80
　――結果（policy results）　102
　――コミュニティモデル（policy community model）　47, 49
　――手段（policy means）　8
　――順応（policy compliance）　89
　――対象集団（policy targets）　9
　――ネットワークモデル（policy network model）　48
　――の窓モデル（policy stream model）　79
　――目標（policy goal）　7
　――領域（policy field）　3
　配分――（distributive policy）　9
　部門――（sector policy）　3
政治システム（political system）　20

——モデル（political system model）　21
政党（political party）　38
専門家集団（expert group）　42
総括的評価（summative evaluation）　99, 102
争点と注目度のサイクルモデル（issue attention cycle model）　62
損失回避性（loss aversion）　77

〈タ　行〉

多元主義モデル（pluralist model）　47
ディスコース（discourse）　6
適合性（appropriateness）　105
適切性（adequacy）　106
鉄の三角形（iron triangles）　48
動員モデル（mobilization model）　58
トリガーメカニズムモデル（triggering mechanism model）　67

〈ナ　行〉

内部アクセスモデル（inside access model）　59
入力（input）　21
能率性（efficiency）　103
望ましさ（desirability）　75

〈ハ・マ行〉

パブリック・アリーナ・モデル（public arenas model）　61
PR（public relations）　93
標準作業手順書（standard operating procedures）　85
フィードバック（feedback）　22
フレーミング効果（framing effect）　78
変換（conversion）　21
保有効果（endowment effect）　77
マスメディア（mass media）　43

〈ヤ・ラ・ワ行〉

有効性（effectiveness）　102
利益集団（interest group）　39
立法府（legislative branch）　24
旅行（travel）　4
ワーケーション（workation）　30

《著者紹介》

李　連澤（い　よんてく）

漢陽大学名誉教授．米国ジョージ・ワシントン大学観光学博士．主な経歴として，韓国政府研究機関韓国観光研究院長，OECD 観光委員会副議長，韓国太平洋経済協力委員会理事など歴任．現在，韓国観光政策研究学会（TOPA）会長と韓日観光交流研究所（KOJAT）理事長を務めている．主な専門分野として観光法制度，観光ガバナンス，国際観光協力について研究している．

E-mail : ytlee@hanyang.ac.kr

安本敦子（やすもと　あつこ）

観光政策専門家．大阪観光大学非常勤講師．漢陽大学観光学博士．現在，韓国観光政策研究学会（TOPA）学術委員と韓日観光交流研究所（KOJAT）研究委員を務めている．主な専門分野として観光産業政策，観光政策ネットワーク，国際観光協力について研究している．

E-mail : atsukoy487@gmail.com

宋　娜瑛（そん　なよん）

日韓観光交流専門家．韓日観光交流研究所（KOJAT）所長．漢陽大学観光学博士．現在，韓国観光政策研究学会（TOPA）理事と Local Impact Center 代表を務めている．主な専門分野として韓流観光，国際観光マーケティング，国際観光協力について研究している．

E-mail : nayoungjp@naver.com

観光政策入門

2024年 3 月30日　初版第 1 刷発行　　＊定価はカバーに表示してあります

著　者　李　連澤
安本敦子©
宋　娜瑛

発行者　萩原淳平

印刷者　藤森英夫

発行所　株式会社　晃洋書房

〒615-0026　京都市右京区西院北矢掛町 7 番地
電話　075(312)0788番(代)
振替口座　01040-6-32280

装幀　尾崎閑也　　印刷・製本　亜細亜印刷㈱

ISBN 978-4-7710-3837-0